新編 生命の實相 第42巻

久遠仏性篇

常楽宗教の提唱

上

谷口雅春

Masaharu Taniguchi

光明思想社

編者はしがき

「私は本書において一点の暗い影もない明朗《めいろう》の宗教を提唱する」

これは本書「はしがき」の冒頭で述べられた谷口雅春先生の言葉である。本篇のタイトル「常楽宗教の提唱」の名の通り、また別名「光明思想」あるいは「唯神実相論」と言われる通り、谷口雅春先生の教えは徹底的に明るい楽天主義であり、一切の苦しみも不幸も病気もない、どこまでも光一元の世界に包まれていると説く教えである。そして、それが単なる机上の空論などではなく、現実生活に無類の力を発揮していることは、夥《おびただ》しい人々の治病体験、経済苦解消の体験、その他の人生上の生活苦からの解放体験によって実証されている。

本篇はこの徹底した谷口雅春先生の「常楽の世界の真理」が凝縮されて説かれ、併《あわ》せて真の仏教の教えとは何かをも説かれている。だから本篇のタイトルが「久遠仏性《くおんぶっしょう》篇《へん》」と命名されている。

さらに「はしがき」には、「私はこの書が出るに臨《のぞ》み校正しながら、自分自身の執筆であるところのこの書の語る真理に全く打たれて、反省せしめられた幾多《いくた》の箇所があったことを告白する」とも述べられている。

そして、これまでの仏教、キリスト教などの既成宗教には暗い影が潜んでいるとして、以下の八点を上げておられる。

①人間には原罪や罪業がある。②罪や罪業を消すには苦行《くぎょう》や献金や犠牲が要《い》る。③救われるためには貧乏が必要である。④人間は死後救われるのであって、生きている現在ではない。⑤悟りを開くためには、家庭を持ってはならない。⑥悟りを開き、救いを得るためには本山への長途の旅と日数と金銭が必要である。⑦死後救われるにし

ても、現在の生活苦が救われるわけではない。⑧一つの宗教は他の宗教と衝突する。それが家庭にも波及する。

これらの「暗い影」が生ずる根本原因は、在来の宗教がいつの間にか「神と神の国」「仏と浄土」とが、人間の現実界とかけ離れた遠い遠い存在になっているからである。しかし、谷口雅春先生の教えは、人間とは「神の子」であって、神は「光源」であり、人間は「光源から出た光」である。だから人間は常に神とともにあり、「神の国」に永遠に居続け、人間は常に「常楽」であると説くのである。

この徹底した「常楽の教え」に基づいて、谷口雅春先生は「宗教の暗い影」をすべて否定される。即ち、原罪や罪悪などというありもしない観念を解き放ち、苦行や犠牲を要求する宗教的束縛から解放し、「死後救われる」のではなく今既に救われているのだから貧困や健康問題やその他あらゆる人生上の諸問題は「心」によって解決する。そして、神道、仏教、キリスト教の神仏耶《しんぶつや》三教は別々の教えを説いているように見えるが、それぞれの根本教義は「人間神の子」の教えを説いており、同一である。

そのことを本篇は縦横無尽《じゅうおうむじん》に解き明かしている。

このような谷口雅春先生の教えの根本義を踏まえて、本篇は真の仏教の教えとは何かをも解き明かされていく。特に浄土真宗では人間は死んだ後でないと浄土に往生《おうじょう》できないとの教説に対して、谷口雅春先生は次のように指摘されている。

「親鸞聖人《しんらんしょうにん》の真意は、聖人《しょうにん》が今生きていられないのでありますから聖人自身にきいてみなければ判らないから、その著作によって窺《うかが》うほかはないのでありますが、ともかく聖人は『臨終《りんじゅう》の一念の暁《あかつき》』には成仏《じょうぶつ》する。生存中、阿弥陀仏《あみだぶつ》の名号《みょうごう》を聞信《もんしん》して大信心《だいしん じん》を獲得《ぎゃくとく》したときから臨終まではまだ完全に成仏していない、成仏することに断然決定されているから、『もう成仏したも同じ事だ』というように信じていられたように思えますが、『もう成仏した』のと『成仏したのと同じこと』というのとは同じことでない、やはり少々異《ちが》うのであります」(一四四〜一四五頁)

谷口雅春先生の著書には『親鸞の本心』という著書もあり、現在の浄土真宗の誤謬《ごびゅう》とも言える部分への批判も含まれている。しかし、谷口雅春先生の教えは「人間は神の子なのであるから既に救われている」という大真理が根本義である以上、それに背《はい》馳《ち》する論説は決して認められない。

そして、谷口雅春先生は、なぜこのような間違いを犯したのかを次のように述べられる。

「『もう成仏《じょうぶつ》したのだ』とハッキリいわないで『もう成仏したのも同じことだ』という。そして本当に成仏するまでには臨《りん》終《じゅう》までの数十年又は数年間があるという。『この臨終までの数十年又は数年間』を本当の成仏迄《まで》に何故置いたかというと、『肉体』がその間は存続しているからなのであります。大信心《だいしんじん》を獲《ぎゃく》得《とく》して極楽行《ごくらくゆき》の乗車券は買ってあるから極楽行は決定済であるけれども、肉体が存続している期間は極楽への実際到著《とうちゃく》は難しいというのは、この『肉体』を、弥陀《みだ》の救済力に対立し得るような実在だと、心のどこかに、思っているからであります、だから、『肉体』というものは念の投影たる仮相《けそう》であって、そんなものは本来無いもんじゃと知ったら、吾々《われわれ》は、念仏の心が起った即時《そくじ》極楽往生出来るのであります」（一四五～一四六頁）

谷口雅春先生の「人間神の子」の教えは、同時に「肉体無、物質無」の教えでもある。この二つの大真理をもって釈尊が説かれた教えに接するとき、仏教もまた、この二つの大真理を説いていることがはっきりとするのである。

ぜひとも仏教の教説《きょうせつ》の奥深さを本書によって味読《みどく》していただければ幸いである。

令和二年七月吉日

谷口雅春著作編纂委員会

はしがき

私は本書《ほんしょ》において一点《てん》の暗い影《かげ》もない明朗《めいろう》の宗教《しゅうきょう》を提唱《ていしょう》する。

今迄《いままで》の宗教は何《なん》らかの意味《いみ》に於《おい》て暗い影がどこかに潜《ひそ》んでいたのである。

曰《いわ》く、

（一）人間《にんげん》には原罪《げんざい》というものがある。或《あるい》は因縁罪業《いんねんざいごう》というものがあって中々救《なかなかすく》われがたい。

（二）罪《つみ》を消滅《しょうめつ》するには苦行《くぎょう》が要《い》る。献金《けんきん》が要《い》る。犠牲《ぎせい》が要《い》る。そのままでは中々《なかなか》救われがたい。

はしがき　愛蔵版第十四巻の「はしがき」

原罪　original sin　『創世記』第三章に記され、アダムとイヴが神にそむいて禁断の木の実を食べたという人類最初の罪

因縁罪業　直接的原因である「因」と間接的条件である「縁」によって生ずる悪い行い

苦行　悟りを開くための苦しい修行

（三）　神と富《とみ》とには兼《か》ね事《つか》うることは出来《でき》ない。救《すく》われるためには貧乏《びんぼう》しなければならない。経済的苦痛《けいざいてきくつう》は忍《しの》ばなければならない。

（四）　仏《ほとけ》の救いは肉体滅後《にくたいめつご》の世界《せかい》だけであって、肉体のある間《あいだ》は仏《ほとけ》の本《ほん》願力《がんりき》といえどもどうすることも出来ない。

（五）　釈迦《しゃか》も出家《しゅっけ》して家庭生活《かていせいかつ》を破壊《はかい》し、キリストも「それ我《わ》が来《きた》れるは人《ひと》をその父より、娘《むすめ》をその母より、嫁《よめ》をその姑嫜《しゅうとめ》より分《わか》たん為《ため》なり」といった如《ごと》く、大《だい》なる悟《さとり》を開《ひら》くためには、一時《いちじ》は家庭生活を破壊しなければならない。

（六）　悟《さとり》を開《ひら》き又《また》は、救いを受けるには長途《ちょうと》の旅行《りょこう》をつづけて本山《ほんざん》に参《さん》拝《ぱい》し、多数《たすう》の日子《にっし》と、多額《たがく》の金額《きんがく》とを費《ついや》さねばならない。

（七）　来世的信仰《らいせてきしんこう》を有《も》つというだけでは、死後《しご》救われるにしても現在《げんざい》の経済生活《けいざいせいかつ》、健康状態等現実生活《けんこうじょうたいとうげんじつせいかつ》の不調和《ふちょうわ》を左右《さゆう》するということが出来ない。

神と富とには…出来ない　『新約聖書』「マタイ伝」第六章、「ルカ伝」第十六章にあるキリストの言葉

本願力　仏教語。阿弥陀仏が衆生を救おうと立てた誓願によるカやはたらき

釈迦　紀元前四六三～三八三年頃。仏教の始祖。現在のネパールに位置したカピラバストゥ城で生まれた。釈迦族の王子だったが、二十九歳で出家。苦行の末三十五歳で悟りを開いた

キリスト　イエス・キリスト。紀元前四年頃～紀元三十年頃。ナザレの大工ヨセフと妻マリアの子として生まれた。パレスチナで教えを宣布し、多くの奇蹟を起こした。ローマのユダヤ総督ピラトによって磔に処された。キリスト教の始祖。

（八）一《ひと》つの宗教的信仰《しゅうきょうてきしんこう》は他《た》の宗教的信仰と衝突《しょうとつ》して、宗教《しゅうきょう》の名《な》に於《お》いて骨肉相争《こつにくあいあらそ》い、家庭不和《かていふわ》の状態《じょうたい》を演《えん》じ易《やす》い。

まだまだ挙《あ》げれば、在来《ざいらい》の宗教には無数《むすう》の暗い影《かげ》があるが、先《ま》ず上記《じょうき》はその主《おも》なるものであろう。吾々《われわれ》はかかる一切《いっさい》の暗影《あんえい》を抛擲《ほうてき》して、光明一元《こうみょういちげん》、神一元《いちげん》、天国《てんごく》のみの実在《じつざい》、浄土《じょうど》のみの実在を高調《こうちょう》して完全《かんぜん》に光明《こうみょう》のみのいとも明朗《めいろう》なる宗教を打《う》ち建《た》てて無数《むすう》の実際生活《じっさいせいかつ》に功徳《くどく》をあげたのであり、現《げん》に続々《ぞくぞく》その実証《じっしょう》をあげているのであって、その体験実例《たいけんじつれい》は私たちの機関誌《きかんし》たる『精神科学《せいしんかがく》』『白鳩《しろはと》』『光《ひかり》の泉《いずみ》』等《とう》に毎号発表《まいごうはっぴょう》されているのであり、『体験談集《たいけんだんしゅう》1・こうして私は救《すく》われた』『体験談集2・苦しみを超《こ》えた人々《ひとびと》』等《とう》次々《つぎつぎ》と出版《しゅっぱん》されているのである。『私はこうして癌《がん》が治《なお》った』及《およ》び『心と癌《がん》』と題《だい》する二冊《さつ》の書《しょ》に数《すう》十人《にん》の治癒体験《ちゆたいけん》を集めた書物《しょもつ》が出版されたが、現《げん》在尚医学界《ざいなおいがくかい》で完全《かんぜん》な治療法《ちりょうほう》の見当《みあた》らない癌《がん》にさえこれだけの治験例《ちけんれい》を挙《あ》げることができたことは注目《ちゅうもく》に価《あた》いするのである。

「それ我が…」『新約聖書』「マタイ伝」第十章にあるキリストの言葉
姑嫜（こしょう） 夫の両親
日子 日数
骨肉 血のつながった親子や兄弟。肉親
在来 これまであった
抛擲 投げ捨てること
高調 強く主張すること
功徳 神仏の恵み。御利益（ごりやく）
『精神科学』 昭和二十三年四月創刊の月刊誌
『白鳩』 昭和十一年三月創刊の婦人向け月刊誌
『光の泉』 昭和十一年三月創刊の初心者向け月刊誌
『体験談集1』 昭和四十二年発行
『体験談集2』 昭和四十三年発行
『私はこうして癌が治った』 谷口雅春著。昭和三十四年初版発行

その功徳《くどく》の生《しょう》ずる原因《げんいん》は——

（一）人間《にんげん》の罪悪観念《ざいあくかんねん》の払拭《ふっしょく》。人間本来《ほんらい》神の子・仏子《ぶっし》であって本来罪《つみ》なく、本来救《すく》われているという真理《しんり》を知り、決《けっ》して因縁罪業等《いんねんざいごうとう》によって縛《しば》られなくなる。

（二）罪本来無《な》きが故《ゆえ》に、罪を滅《めっ》するために、苦行《くぎょう》も、献金《けんきん》も、犠牲《ぎせい》も不要《ふよう》である。人間はそのまま救われていると知るが故《ゆえ》に、自己処罰《じこしょばつ》がなくなること。

（三）この教《おしえ》をきいて経済問題《けいざいもんだい》が解決《かいけつ》するのは、神（仏《ほとけ》）は、その神の子（仏子《ぶっし》）なる人間が貧《まず》しくある事《こと》を喜《よろこ》び給《たま》うはずはない、人間が貧しくあるのは神の無限供給《むげんきょうきゅう》を本当《ほんとう》に知らないからにすぎぬ、本当に神を知ったら、既《すで》にここに無限供給が与えられていることを見出《みいだ》し得《う》るからである。

（四）神仏《しんぶつ》の絶対力《ぜったいりき》は、肉体《にくたい》と相対立《あいたいりつ》する相対的《そうたいてき》な存在《そんざい》ではないから、

『**心と癌**』谷口雅春著。昭和四十三年初版発行
払拭　ぬぐい去ること

絶対力　自力や他力を超えて、そのままで救われていること

肉体《にくたい》は死なくても生《い》きていても人間《にんげん》はそのまま救《すく》われていると知るから、不安恐怖《ふあんきょうふ》が除《のぞ》かれる。

（五）既《すで》に釈迦《しゃか》キリストが悟《さと》りを開《ひら》いて真理《しんり》を直指啓示《じきしけいじ》せられた以上《いじょう》は、その悟《さとり》をそのまま生《い》きれば好《い》いわけであって、釈迦《しゃか》キリストの如《ごと》く悟《さとり》を得《う》るために一旦《いったん》家庭生活《かていせいかつ》を破壊《はかい》する必要《ひつよう》はない。

（六）既に釈迦《しゃか》キリストの開きたる悟《さとり》があり、人間の救われるのは「心」に依《よ》るのであるから、釈迦《しゃか》キリストの悟《さとり》をそのまま平易《へいい》に解説《かいせつ》し、流麗暢達《りゅうれいちょうだつ》なる文章《ぶんしょう》を以《もっ》て、その悟《さとり》が人類《じんるい》の「心」の奥《おく》底《そこ》に流《なが》れ込《こ》むようにしさえすれば、人類は救われるのである。人類は「足」で救われるのではないから、長途《ちょうと》の旅《たび》を続ける必要はない。人類は日数《にっすう》で救われるのではないから長期《ちょうき》の日子《にっし》を要《よう》しない。人類は旅費《りょひ》で救われるのではないから、多額《たがく》の旅費を支払《しはら》う必要はない。ただ流麗暢達《りゅうれいちょうだつ》なる文章に表現《ひょうげん》された悟《さとり》の本を読むだけで

直指啓示　直接、端的に真理を表し示すこと

流麗暢達　のびのびとして美しいこと

「心」の中《なか》に真理《しんり》が流《なが》し込《こ》まれて悟《さとり》に入《い》るから、読書《とくしょ》するだけで功《く》徳《どく》を生《しょう》ずるのである。

（七）この世界《せかい》は神一元《げん》の世界、仏《ほとけ》の無礙光尽十方《むげこうじんじっぽう》に満《み》つる世界であるから、一の悟《さとり》は法界一切《ほっかいいっさい》のものを救《すく》いの無礙光《むげこう》の中《なか》に見出《みいだ》すのである。経済《けいざい》も健康《けんこう》も教育《きょういく》も悉《ことごと》くこの無礙光《むげこう》の中《なか》に見る時《とき》、一切は光《こう》明《みょう》輝《かがや》くものに変貌《へんぼう》するのである。

（八）吾等《われら》は古今《ここん》を貫《つらぬ》く真理を解明《かいめい》するのであって、敢《あえ》て一宗《しゅう》一派《ぱ》の宗《しゅう》教《きょう》を樹《た》てるのではないから、どの宗教の信奉者《しんぽうしゃ》もその教《おしえ》に接《せっ》するとき、各自《かくじ》の宗教がその真理が本来各宗《ほんらいかくしゅう》共通《きょうつう》の天地一貫《てんちいっかん》の真理なることを悟《さと》り、強《し》いて為《ため》にするところあって反撥《はんぱつ》する者《もの》のほかは、各《かく》宗派《しゅうは》人《じん》悉《ことごと》く互《たがい》に相和《あいわ》することを得《う》るに到《いた》るのみならず、在来《ざいらい》の神《しん》道仏教《とうぶっきょう》キリスト教《きょう》が到底融合《とうていゆうごう》し得《え》なかった欠点《けってん》を補《おぎな》って、完全《かんぜん》に神《しん》仏耶《ぶつや》三教《きょう》の融合を完《まっと》うし得《え》て人類《じんるい》が平和《へいわ》に融合し得《う》る基礎《きそ》を築《きず》いた

無礙光　仏教語。何物にもさえぎられない光

尽十方　あらゆる方角

法界　仏教語。全宇宙

神道　はるか昔から伝わっている日本民族固有の信仰。「かんながらの道」

仏教　世界三大宗教の一つ。紀元前五世紀頃、釈迦がインドで説いた教え。日本には六世紀中期に伝来した

キリスト教　ユダヤ教を母体としてパレスチナに興る。世界三大宗教の一つ。唯一絶対の神を奉じ、現在に至るまで欧米文化の基盤をなしている。イエス・キリストが始祖

神仏耶三教　神道・仏教・キリスト教

のである。

ともかく、私はこの書《しょ》が出るに臨《のぞ》み校正《こうせい》しながら、自分自身《じぶんじしん》の執筆《しっぴつ》であるところのこの書《しょ》の語る真理《しんり》に全《まった》く打たれて、反省《はんせい》せしめられた幾多《いくた》の箇所《かしょ》があったことを告白《こくはく》する。その感想《かんそう》を一々《いちいち》ここに列挙《れっきょ》することを止《や》めるが、唯《ただ》一《ひと》ついっておきたいのは、理想家《りそうか》は善人《ぜんにん》にありがちな自己虐待《じこぎゃくたい》の精神《せいしん》がいつの間《ま》にか頭《あたま》をもたげて、ともすれば悲壮《ひそう》の方《ほう》へ、悲劇《ひげき》の方《ほう》へ、暗黒《あんこく》の方《ほう》へと駆《か》り立《た》てやすいものである。多くの善人は自己虐待が好《す》きで、ともすれば自己《じこ》を奈落《ならく》の底《そこ》に引落《ひきおと》す暗黒思想《あんこくしそう》に知《し》らず識《し》らず引附《ひきつ》けられて行《ゆ》きがちである。聖《せい》フランシスやトルストイなどの不幸《ふこう》はその適例《てきれい》である。吾々《われわれ》の説《と》くところが正しいのは、最近《さいきん》の精神分析学《せいしんぶんせきがく》の発達《はったつ》に従《したが》い、罪悪観念《ざいあくかんねん》が原因《げんいん》で無数《むすう》の病気《びょうき》や災難《さいなん》が起《おこ》っていることが明《あきら》かにされたことによって裏書《うらがき》されたのである。

著者識《ちょしゃしるす》

奈落の底　仏教語。地獄の底

聖フランシス　一一八二～一二二六年。カトリック修道士。生涯にわたって清貧と「キリストのまねび」に徹し、ラベルナ山において聖痕を受けたと言われる

トルストイ　Lev Nikolaevich Tolstoi　一八二八～一九一〇年。十九世紀ロシア文学を代表する小説家。代表作に『戦争と平和』『アンナ・カレーニナ』『復活』などがある

精神分析学　ジークムント・フロイトによって始められた人間の深層心理を扱う学問

裏書　物事が確実で正確であることを他の側面から立証すること

久遠仏性篇

常楽宗教の提唱（上）

目次

編者《へんじゃ》はしがき

はしがき

久遠仏性篇《くおんぶっしょうへん》　常楽宗教《じょうらくしゅうきょう》の提唱《ていしょう》（上）

凡例

一、本全集は、昭和四十五年～昭和四十八年にわたって刊行された愛蔵版『生命の實相』全二十巻を底本とした。本書第四十二巻は、愛蔵版第十四巻『久遠佛性篇』を底本とした。

一、本文中、底本である愛蔵版とその他の各種各版の間で異同がある箇所は、頭注版、初版革表紙版、黒布表紙版等を参照しながら確定稿を定めた。

一、底本は正漢字・歴史的仮名遣いであるが、本全集は、一部例外を除き、常用漢字・現代仮名遣いに改めた。

一、現在、代名詞、接続詞、助詞等で使用する場合、ほとんど用いられない漢字は平仮名に改めた。

一、本文中、誤植の疑いがある箇所は、頭注版、初版革表紙版、黒布表紙版等各種各版を参照しながら適宜改めた。

一、本文中、語句の意味や内容に関して註釈が必要と思われる箇所は、頭注版を参照しつつ脚註として註を加えた。但し、底本の本文中に括弧で註がある場合は、例外を除き、その箇所のままとした。

一、聖書、仏典等の引用に関しては、明らかに原典と異なる箇所以外は底本のままとした。

一、頭注版『生命の實相』全四十巻が広く流布している現状に鑑み、本書の章見出し、小見出しの下の脚註部分に頭注版の同箇所の巻数・頁数を表示し、読者の便宜を図った。

一、本文と引用文との行間は、読み易さを考慮して通常よりも広くした。

一、本文中に出てくる書籍名、雑誌名はすべて二重カギに統一した。

久遠仏性篇

常楽宗教の提唱（上）

第一章　常楽宗教《じょうらくしゅうきょう》の提唱《ていしょう》

一

今《いま》までの多くの宗教《しゅうきょう》は人間《にんげん》は苦しまなければ神に近づけないものである。苦行《くぎょう》しなければ魂《たましい》が浄《きよ》まらないものである。頭《あたま》に灰《はい》を被《かぶ》り、顔《かお》に薄墨《うすずみ》

頭注版㉗三頁

常楽　常住不変で苦悩がなく、安らかで楽しいこと

頭注版㉗三頁

をぬり、苦悶《くもん》の形貌《ぎょうぼう》を見せ、「神よ私は罪人《つみびと》でございます」と悲痛《ひつう》な絶叫《ぜっきょう》をあげなければ神様《かみさま》から喜《よろこ》ばれないものだと考えられていたのであった。特《とく》にキリスト教《きょう》の信仰《しんこう》にはその傾向《けいこう》が最《もっと》も甚《はなは》だしかったのである。しかし、人間《にんげん》は神の子であるのに、神は人間の「親《おや》」であるのに、その「親」である神が、子である人間が苦しまなければ喜び給《たま》わないなどということは到底《とうてい》あり得《え》ないことなのである。

　人間は「神の子」である。「神の子」であるとは「生命《せいめい》の子」であるとのことである。宇宙《うちゅう》に眼《め》に視《み》えず普遍《ふへん》する大生命《だいせいめい》を神というのである。だから、大生命《だいせいめい》から生《う》まれ出《で》た吾《われ》らみな神の子である。だから神の子の生命《せいめい》の本然《ほんねん》がそのまま健《すこ》やかに発現《はつげん》すれば楽しみとなり喜びとなるのは、健康《けんこう》なる子供《こども》が常《つね》に喜々《きき》として喜びに満《み》ちあふれており、かれが病気《びょうき》になったときはじめて不快《ふかい》な楽しまない状態《じょうたい》を発顕《はつげん》するのでも明《あき》かである。されば楽《らく》と歓《よろこ》びとは生命《せいめい》の本然《ほんねん》の状態であり、苦しみと不快《ふかい》とは生命《せいめい》の梗塞《こうそく》された状態であるこ

形貌　姿。かおかたち

普遍　あまねく万物に及ぶこと

本然　本来の状態

発現　あらわれ出ること

発顕　あらわれ出ること。発現

されば　そうであるから

梗塞　ふさがって通じないこと

とがわかるであろう。

宗教《しゅうきょう》の使命《しめい》は、梗塞《こうそく》された生命《せいめい》を解放《ときはな》って本来《ほんらい》の自由《じゆう》に復帰《ふっき》せしむるにあるのであるから、宗教を信じながら、苦しんだり、罪《つみ》についていつまでも低徊《ていかい》して悲しんだ状態《じょうたい》にあらしめる宗教がありとするならば、その宗教は宗教としての使命を果《はた》していないといわなければならないのである。抜苦与楽《ばっくよらく》が宗教の使命であるのは何人《なんぴと》も肯定《こうてい》して疑《うたが》わないところであるのである。

二

歓《よろこ》びとは、一《ひと》つの感情《かんじょう》の快《こころよ》き流れである。感情は一つの波動《はどう》であって、その快き流れとは必然的《ひつぜんてき》にそれが一つの音楽《おんがく》であるということである。されば歓《よろこ》びの感情は一つの音楽であるのである――それが歓《よろこ》びである限《かぎ》りに於《お》いて、その音楽はブロークンでない善《よ》き諧調《かいちょう》を有《も》っているのである。生命《せいめい》は

低徊　行ったり来たりしながらさまようこと
抜苦与楽　仏教語。仏や菩薩が人々の苦しみを取り除いて楽を与える慈悲の働き

頭注版㉗四頁

ブロークン　broken　壊れた。砕けた。でたらめな
諧調　調和のとれた音

リズムであるから、それが善《よ》き諧調《かいちょう》を有《も》っているということは、その生命《せいめい》が高き段階《だんかい》にまで顕現《けんげん》しているということであるのである。直《ただち》に喜《よろこ》べない生《せい》活《かつ》は、それは真《しん》の神の子の生活ではないのである。吾《われ》らは須《すべから》く歓びの最高《さいこう》芸術《げいじゅつ》にまで到達《とうたつ》する生活を送るように心すべきである。幸福感《こうふくかん》に満《み》つる生活こそ本当《ほんとう》の生活であるのである。悲しみと不幸に満たされた人々《ひとびと》が「生《せい》長《ちょう》の家《いえ》」の教《おしえ》を受けて旬日《じゅんじつ》ならずして、家庭《かてい》に夫婦喧嘩《ふうふげんか》は絶《た》え、幸福《こうふく》の空《くう》気《き》がその家庭の雰囲気《ふんいき》を満たし、喜色《きしょく》が家族《かぞく》たちの顔貌《がんぼう》にあらわれ、間《ま》もなく、家族の人相《にんそう》までも変《かわ》ってしまう事実《じじつ》が多くあるのは「生長の家」が悲しみの似而非《えせ》宗教《しゅうきょう》ではなく、常楽我浄《じょうらくがじょう》の実相《じっそう》を教《おし》える真宗教《しんしゅうきょう》であるからである。

三

須く　ぜひとも

旬日ならずして　十日もしないうちに

喜色　嬉しそうな顔つき。喜ぶ様子

似而非　見かけは似ているがにせもの

常楽我浄　生滅変化することのない、常に安らぎと楽しみに満たされ、自由で束縛やけがれのないさま

人間《にんげん》の歓《よろこ》びと幸福《こうふく》とはどこから来《く》るかというと、人間の本来《ほんらい》が「常楽《じょうらく》なる神の子」であるという本然から来るのである。この本然《ほんねん》がなければ人間の歓《よろこ》びと幸福とは出《で》て来《こ》ないのである。それは音楽《おんがく》とは——それが悲劇《ひげき》の曲《きょく》であってさえも——何《なん》らかの歓《よろこ》びの情調《じょうちょう》を、吾《われ》らの感情《かんじょう》にかき起《おこ》すほど高い程度《ていど》の芸術《げいじゅつ》であるのと同じことである。歓《よろこ》べない芸術は本当《ほんとう》の芸術ではなく、歓《よろこ》べない生活《せいかつ》は本当の生活ではないのである。歓《よろこ》べない生活はどこかに本当でないところがあるのである。

生命の本然は常楽である。その本然を全うするとき常楽があらわれる。その本然《ほんねん》を全《まっと》うするには、その実相《ほんとのすがた》を顕《あら》わさなければならないのである——そして生命《せいめい》の実相《ほんとのすがた》は「自他一体《じたいったい》」ということである。何故《なぜ》、生命《せいめい》の実相《じっそう》が「自他一体」であるかといえば、生命《せいめい》はすべて「一《ひと》つの神」即《すなわ》ち「大《だい》生命《せいめい》」より出《い》でたるものであるからである。個々《ここ》の生命《せいめい》はいずれも個々別々《ここべつべつ》に離《はな》れ離《ばな》れの存在《そんざい》をなしているように見えるかも知れないが、その実《じつ》は「大《だい》

情調　そこからにじみ出て、しみじみと感じさせるような趣

生命《せいめい》に於《お》て」一体《いったい》であるのである。だから自他《じた》が本来《ほんらい》一体であるのが生命《せいめい》の本当《ほんとう》の相《すがた》なのである。生命の実相が常楽であり、自他一体であるならば、自他一体の実相を生活するときはじめて常楽の生活となるのは睹易（みやす）き道理であるのである。一個《こ》の円《えん》の実相《じっそう》が「マン丸《まる》」であるならば、その「マン丸」の実相をあらわすには半円《はんえん》と半円とは互《たがい》に自他一体《じたいったい》にぴったり結合《けつごう》しなければならないのであろう。それと同じく吾々《われわれ》が生命《せいめい》の常楽《じょうらく》の実相をあらわし生きようとするにも、互《たがい》に生命《せいめい》の半円である吾々《われわれ》が、相互《そうご》に自他一体を生活《せいかつ》しなければならないのである。

　されば自他一体の生活は常楽《じょうらく》の生活、歓《よろこ》びの生活、幸福《こうふく》の生活を顕現《けんげん》する必須的要素《ひっすてきようそ》であるのである。世《よ》の中《なか》には「自分《じぶん》だけ良《よ》ければ好《よ》い主義《しゅぎ》」の生活を送っていて、人《ひと》から奪《うば》うことばかりを考えて、自分が利益《りえき》でありさえすれば幸福になれるものと誤信《ごしん》して、自己《じこ》のみの得《とく》の行《ゆ》くことばかりを計《はか》っている人達《ひとたち》があるけれども、こういう人達は決《けっ》して真《しん》に幸福になれるもので

睹易い　見やすい。わかりやすい

はないのである。「マン丸《まる》」は全円《ぜんえん》にのみあるのであって、半円《はんえん》や七分円《しちぶえん》にあるのではないのである。半円と半円とが自他抱合《じたほうごう》ただ全円になり切ってしまったときに、そこに「マン丸」が顕現《けんげん》するが如《ごと》く、自他一体《じたいったい》――「彼《かれ》と我《われ》」「すべてと我《われ》」が一体《いったい》になった時《とき》にのみ本当《ほんとう》の生活《せいかつ》の楽しみと歓《よろこ》びとは顕現してくるのである。だから、奪《うば》う生活よりは与えるという生活に本当に尽《つ》きない歓《よろこ》びが顕現してくるのである。

七分円　全円の七割ほどしかなく、残りは欠けた円

四

どこの店《みせ》でも繁昌《はんじょう》するという店は、「如何《いか》にすれば顧客《こきゃく》を喜《よろこ》ばすことが出《で》来《き》るか」を常《つね》に研究《けんきゅう》して、「我《わ》れここに皆《みな》さんを喜ばさんがために存在《そんざい》す」との自覚《じかく》のもとに経営《けいえい》しているからである。「我《わ》れここに皆さんを喜ばさんがために存在す」という自覚の上《うえ》に立つ生活をするものは、他《た》を歓《よろこ》ばし得《う》

頭注版㉗七頁

ると同時《どうじ》に、自分《じぶん》も喜《よろこ》び得《う》るのである。「我《わ》れ良人《おっと》を喜ばさんがために存在《そんざい》す」と自覚《じかく》する妻《つま》は、良人《おっと》を喜ばし得《う》ると共《とも》に、妻自身《つまじしん》もまた幸福《こうふく》になり得《う》るのである。「我《わ》れ妻を喜ばさんがために存在す」と自覚する良人《おっと》は、妻を喜ばし得《う》ると同時に、良人自身《おっとじしん》もまた幸福になり得《う》るのである。これに反《はん》して、良人《おっと》から自分の快楽《かいらく》や幸福のみを吸《す》い取《と》ろうとのみ考えている妻は、ついには良人《おっと》から飽《あ》かれ嫌《きら》われ、求めた快楽や幸福は却《かえ》って得《え》られなくなるのである。また妻とは自分にとっての快楽を吸い取るための道具《どうぐ》のように考えている良人《おっと》はイプセンの『人形《にんぎょう》の家《いえ》』のように、妻から叛《そむ》かれてしまって最初《さいしょ》求めた幸福は消えてしまうのである。「我《わ》れ汝《なんじ》を喜ばさんがために生活《せいかつ》す」と一切《いっさい》の人々《ひとびと》に対《たい》して呼《よ》びかけ得《う》るようになったとき、その人《ひと》は常楽《じょうらく》幸福の生活を送《おく》り得《う》るようになった人というべきである。

イプセン　Henrik Ibsen　一八二八～一九〇六年。ノルウェーの劇作家、詩人、舞台監督。「近代演劇の父」と称される

『人形の家』　一八七九年に出版・初演された戯曲。夫の許を離れ、自立してゆく女性の姿を描く

五

念《ねん》は一《ひと》つのエネルギーであって、発射《はっしゃ》された弾丸《だんがん》のように運動慣性《うんどうかんせい》をもっているものである。小《しょう》なる力《ちから》が一物体《ぶったい》に働《はたら》いて一方向《ほうこう》に揺《ゆ》り動《うご》かそうとする場合《ばあい》に、ただ一回《かい》ではなかなか動かない場合にも、繰返《くりかえ》しユサユサ揺り動かしている間《あいだ》には大木《たいぼく》でも動いて来《く》るものである。これはエネルギーには運動慣性があって、その運動慣性が蓄積《ちくせき》されていて、次回《じかい》の同一方向《どういつほうこう》への運動《うんどう》を容易《ようい》ならしめる性質《せいしつ》があるからである。我々《われわれ》の念《こころ》の習慣性《しゅうかんせい》もその通《とお》りであって、一度歓《よろこ》べば次回は一層歓《いっそうよろこ》び易《やす》くなるものである。人類《じんるい》が喜《よろこ》び喜ぶ習《しゅう》慣《かん》をつければつける程《ほど》、人類の世界《せかい》は光明化《こうみょうか》して来《く》るのである。「生長《せいちょう》の家《いえ》」の運動が、人類光明化運動《じんるいこうみょうかうんどう》だと称《しょう》せられているのもそのためであるのである。人類はいくら喜んでも喜び過《す》ぎるということもなければ、神から憎《にく》

頭注版㉗八頁

運動慣性 物体に外からの力が働かない限り、その運動状態が変わらない性質

まれるということもないのである。喜《よろこ》びは歓《よろこ》びを招《よ》び、歓《よろこ》びは喜びを反響《はんきょう》して、歓喜常楽《かんきじょうらく》の世界《せかい》がこの宇宙《うちゅう》にひろがって行《ゆ》くのである。さればこそ『生命《せいめい》の實相《じっそう》』の第《だい》十巻《かん》「聖詩篇《せいしへん》」は歌う――

君《きみ》は与えるものがないことを
歎《なげ》いてはならない。
君は与えるものがなくとも
幸福《こうふく》な表情《ひょうじょう》は与えることが出来《でき》るのだ。
子供《こども》の顔《かお》を見るとき
良人《おっと》の顔を見るとき
妻《つま》の顔を見るとき
兄弟《きょうだい》の顔を見るとき
姉妹《しまい》の顔を見るとき

さればこそ　そうであるからこそ

『生命の實相』　著者の主著。昭和七年一月黒革表紙版が発行されてより各種各版が発行され、現在までに二千万部近くが発行されている

第十巻「聖詩篇」　上掲の詩は本全集第三十三巻「聖詩篇」一九三頁「光明と暗黒」の詩文中の一節

八百屋《やおや》に挨拶《あいさつ》するとき
風呂場《ふろば》で知った人《ひと》に遇《あ》うとき
君《きみ》が幸福《こうふく》な表情《ひょうじょう》さえすれば
君は幸福を与えて歩く。

幸福な表情をした人間《にんげん》は
幸福を撒《ま》いて歩く、
愉快《ゆかい》な表情をした人間は
愉快を撒《ま》いて歩く
それは物《もの》を与えるよりも
一層《いっそう》好い贈物《おくりもの》であるのだ！

こういうような生活《せいかつ》に、世界《せかい》に住んでいるすべての人間がなるとき、それは実《じつ》に些細《ささい》な心掛《こころが》け一《ひと》つで出来《でき》ることだけれども、そしてその時《とき》に起《おこ》る歓《よろこ》びの感情《かんじょう》は、一回《かい》きりならば大木《たいぼく》を揺《ゆ》すぶる子供《こども》の力《ちから》ほどもないかも知れないが、世界《せかい》の人々《ひとびと》が繰返《くりかえ》し繰返しこの喜《よろこ》びの感情を起《おこ》すことにするならば、それは蓄積《ちくせき》されて偉大《いだい》なる力となるのである。その喜びの些細《ささい》な感情も、全人類《ぜんじんるい》が揃《そろ》ってそれを起《おこ》す事《こと》にするならば、その総和《そうわ》は誠《まこと》に素晴《すば》らしい量《りょう》となり力となり、全世界《ぜんせかい》を「喜びの世界」――「常楽《じょうらく》の天国《てんごく》」としてしまうことが出来るのである。

六

ただの表情《ひょうじょう》一《ひと》つが起《おこ》す歓《よろこ》びの念《ねん》でさえも、人類《じんるい》がこれを絶《た》えず放散《ほうさん》するように努《つと》めて生活《せいかつ》するとき、全世界はこんなにも光明化《こうみょうか》されるのであるから、もっと崇高偉大《すうこういだい》な種類《しゅるい》の歓《よろこ》びを掻《か》き立《た》てることにするならば、世界がど

頭注版㉗一〇頁

崇高　けだかく貴いこと

んなに光明化《こうみょうか》され、歓喜化《かんきか》されて来《く》るか知れないのである。吾々《われわれ》が全世界《ぜんせかい》に善《よ》き表情《ひょうじょう》を与えたならば、世界《せかい》も吾々《われわれ》に善《よ》き表情を与えてくれるのである。こちらが微笑《ほほえ》みかけるならば、相手《あいて》も微笑《ほほえ》みかけてくれるのである。こちらが苦《にが》い顔《かお》をすれば相手も苦《にが》い顔をするのである。では吾々《われわれ》は最《もっと》も豊富《ほうふ》な美しい愛の感情《かんじょう》をこの世界に与えることにしたならば、全世界がサブライムな美しい愛の感情で満《み》たされることになるのである。いやしくも吾《われ》らがこの世界に生《せい》を享《う》けているならば、先《ま》ず吾々《われわれ》は「何《なに》を吾《われ》らがこの世界に与えようか」ということを考えなければならぬ。それは苦《く》を与うべきであるか、楽《らく》を与うべきであるか。今迄《いままで》の或《あ》る宗教《しゅうきょう》で人間《にんげん》の苦しむことが神の喜《よろこ》びであるというような信仰《しんこう》を有《も》っている人達《ひとたち》は、神の喜びのために人類《じんるい》を苦しめてやろうと思ったかも知れないが、吾々《われわれ》「生長《せいちょう》の家《いえ》」家族《かぞく》は人類に楽《らく》を与え喜びを与えることが神の喜びであるとするのである。

サブライム　sublime　崇高な
いやしくも　かりにも。かりそめにも
「生長の家」家族　生長の家の教えを信奉する信徒を親愛をこめて言った言葉

七

頭注版㉗一一頁

さて、誰《たれ》でも他《た》を喜《よろこ》ばすことは善《ぜん》であるとしているが、自分《じぶん》を喜ばすことを悪《あく》だと考えたがり、昔《むかし》から犠牲《ぎせい》ということは大《おお》いに尊《とうと》ばれ、「身《み》を殺《ころ》して仁《じん》をなす」底《てい》の人《ひと》を仁者《じんしゃ》であり、偉人《いじん》であると思われて来《き》たのであるが、「生長《せいちょう》の家《いえ》」では犠牲《ぎせい》ということを善《ぜん》であるとは認《みと》めないのである。吾々《われわれ》が神様的《かみさまてき》な観察《かんさつ》の高所《こうしょ》へあがってこれを観《み》るとき、自他《じた》は一体《いったい》であり自他は一様《いちよう》に差別《さべつ》なき「神の子」達《たち》であるから、他人《たにん》という神の子を喜ばさんがために、自分《じぶん》という「神の子」を苦しめても好《よ》いという理由《りゆう》は成立《なりた》たないのである。それは差別《さべつ》の観察に堕《だ》している。そこに本当《ほんとう》に「神の子」としての生《せい》活《かつ》があらわれれば、自分が栄《さか》えると共《とも》に周囲《しゅうい》が栄え、他人が栄え、すべてが栄えなければならないはずのものである。人間生活の幸福に犠牲が必要だと

底の　…ほどの

いうような考えほど神を冒瀆する考えはないのである。神はそのように不完全にはこの世界と人間とを造り給うてはいないのである。これが本当の正しい信仰というものである。「自分《じぶん》が犠牲《ぎせい》になっているぞ」という考えほど、ちょっと観《み》ると善《よ》いことのように見えて、その実《じつ》は人生《じんせい》を不快《ふかい》にし、苦悩《くのう》を殖《ふ》やして行《ゆ》く悪い考えはないものである。「わたしはあなたの犠牲《ぎせい》になっています」ということは換言《かんげん》すれば、「あなたは私を苦しめています」ということをいいかえたに過《す》ぎないのである。家庭《かてい》にあって、妻《つま》が良人《おっと》に対《たい》して「私はあなたの犠牲《ぎせい》になっています」というような感《かん》じを有《も》っているとき、その家庭は必《かなら》ず不愉快《ふゆかい》であるに相違《そうい》ないのである。良人《おっと》にしてみれば、「何《なに》も俺《おれ》はお前《まえ》を犠牲《ぎせい》になどしていないぞ」という考えが起《おこ》って来《く》る。そんなに恩《おん》に着《き》せられがましい生活《せいかつ》は面白《おもしろ》くないから外《そと》で遊ぼうかという考えも起《おこ》ってくる。これに反《はん》して良人《おっと》が妻に対して「自分が外で働《はたら》くのはお前の犠牲《ぎせい》になっているんだよ」というような感情《かんじょう》を有《も》っているならば、妻としては、

冒瀆 神聖なものをけがしたり、おとしめたりすること

換言 言い換えること

その良人《おっと》の恩《おん》に着《き》せがましい感情《かんじょう》の前《まえ》に到底耐《とうていた》えられないだろうし、良人《おっと》自身《じしん》としても、「わしは常《つね》に彼女《かのじょ》の犠牲《ぎせい》になっている」という苦痛《くつう》の感《かん》じが蓄積《ちくせき》した揚句《あげく》のはてには、犠牲《ぎせい》にならない、ただ楽《らく》だけの生活《せいかつ》が欲《ほ》しいと思って、そういう犠牲《ぎせい》の感じのない女性《じょせい》に歓《よろこ》びの感じを求めて他《た》に趨《はし》ることにもなるであろう。某時《あるとき》私はクリスチャン生活《せいかつ》四十年《ねん》の或《あ》る七十媼《おう》から、家庭《かてい》苦解決《くかいけつ》の相談《そうだん》を受けたのであるが、この老媼《ろうおう》が最初《さいしょ》に私に話した言葉が何《なん》であったかというならば「私は四十年間《ねんかん》、娘《むすめ》のため、娘のためと思って娘の犠《ぎ》牲《せい》になって来《き》ました。それだのに娘は私に辛《つら》くあたるのです。私はそれも犠《ぎ》牲《せい》になるのだと思って少しも反対《はんたい》せず、何《なに》も自分《じぶん》の考えをいわなければよいと思って黙々《もくもく》として一室《しつ》にとじ籠《こも》っております。こんなに自分を少しも主《しゅ》張《ちょう》せずに犠牲《ぎせい》になる考えでおりますのに、どうして娘は私に出《で》て行《ゆ》けがしに辛《つら》く当《あた》るのでしょう」というのであった。この言葉に対して私が老媼《ろうおう》に答えたところは、「それはあなたの人生観《じんせいかん》がそういう世界《せかい》をあなたの周囲《しゅうい》に作っ

趨る　向かって行く
クリスチャン　キリスト教信者
七十媼　七十歳位のおばあさん
老媼　年老いた婦人
出て行けがし　出て行けと言わんばかりに

たのです。犠牲《ぎせい》が必要《ひつよう》であるという人生観《じんせいかん》を生《い》きて行《ゆ》くならば、苦しみが必要な世界《せかい》が生《うま》れてくるのです。娘《むすめ》よ私はお前《まえ》の犠牲《ぎせい》になっているぞ、そういう考えをあなたが常《つね》に娘に対《たい》して抱《いだ》いていられるならば、犠牲《ぎせい》の感《かん》じというものは恩《おん》に着《き》せがましい、相手《あいて》を圧迫《あっぱく》する感じでありますから、そういう圧《あっ》迫感《ぱくかん》を与える家族《かぞく》は家《うち》にいてもらいたくないので、あなたに出《で》て行《ゆ》けがしにするのですよ。今《いま》から、あなたは『自分《じぶん》は娘の犠牲《ぎせい》になっている』という考えをお捨《す》てなさい。そうすればあなたの周囲《しゅうい》には光明《こうみょう》ある幸福《こうふく》な人生《じんせい》が展《てん》開《かい》するでしょう」といったことであった。この言葉でその老媼《ろうおう》は救《すく》われたのである。在来《ざいらい》のクリスチャン生活《せいかつ》には往々《おうおう》にしてこういう「犠牲《ぎせい》」を好《この》み、みずから苦しみを創作《そうさく》して、その結果《けっか》、苦しみに陥《おちい》りながら、「こんなに犠《ぎ》牲《せい》の生活を自分は送っているのに、人《ひと》は私を苦しめます」などといって人に対し神に対して不平《ふへい》を零《こぼ》すのである。犠牲生活《ぎせいせいかつ》とは自分が好《この》んで苦しむ生活なのだから本当《ほんとう》に彼《かれ》が犠牲生活《ぎせいせいかつ》を誇《ほこ》りに思うならば苦しめられればそれを喜《よろこ》ぶべきであるのに、それが喜《よろこ》べないのは、人間《にんげん》の本性《ほんせい》には犠牲《ぎせい》では満足出来《まんぞくでき》ない、犠牲なき幸福があるべきはずであることを予想《よそう》し、その犠牲《ぎせい》なき幸福《こうふく》生活《せいかつ》に対して魂《たましい》の奥底《おくそこ》で憧憬《あこが》れているところがあるからである。

八

犠牲《ぎせい》が幸福生活に必要《ひつよう》だと考えるのは大《だい》なる宗教的《しゅうきょうてき》誤謬《ごびゅう》である。この考えは、幸福《こうふく》というものは何《なに》か有限《ゆうげん》な源《みなもと》から来《く》るものであって、一方《いっぽう》が幸福を余計《よけい》とれば他方《たほう》の幸福が減《へ》り、一方が幸福をとることを遠慮《えんりょ》すれば他方の幸福が殖《ふ》えるように誤想《ごそう》しているところから来《く》るのである。ところが人間の幸福は「人間の実相《じっそう》」――神なる無尽無限《むじんむげん》の源泉《げんせん》から来るのであるから、無限から無限を幾回《いくかい》マイナスしてもまだ無限が残るのであるから、一方が幸福を余計とったからとて、一方が余計楽しんだからとて、他方の幸福が減った

頭注版㉗一四頁

誤謬　間違い。誤り

誤想　思い違い

り、他方《たほう》の楽しみが減《へ》ったりするわけのものではないのである。それどころか現象界《げんしょうかい》の苦楽《くらく》は、鏡面《きょうめん》と鏡面とを相対《あいたい》せしめたるが如《ごと》く一人《ひとり》が実相《じっそう》を知らずに苦しめば、その苦しみが一方へ反映《はんえい》して益々《ますます》苦しみが増加《ぞうか》し、一人《ひとり》が実相を知って喜《よろこ》べば、その喜びがまた一方《いっぽう》へ反映して喜びが倍加《ばいか》するのであるから、一人《ひとり》が幸福《こうふく》を余計《よけい》味《あじわ》ったら一方の幸福が減《げん》ずるようなことは決《けっ》して無《な》く、却《かえ》って前掲《ぜんけい》の「生長《せいちょう》の家《いえ》の歌」にあるように、歓《よろこ》びの表情《ひょうじょう》を撒《ま》いて歩いたならば、他《た》の人々《ひとびと》の歓《よろこ》びが倍加し無限倍《むげんばい》するのと同じような結果《けっか》を得《う》るのである。最近《さいきん》、私はその半生《はんせい》を犠牲生活《ぎせいせいかつ》に送った或《あ》るクリスチャン婦《ふ》人《じん》の信仰《しんこう》を犠牲不要《ぎせいふよう》の渾然《こんぜん》たる愛の世界《せかい》が、神の世界――実相の世界であるという信仰に導《みちび》いたところ、数日《すうじつ》して、「私はこの数年来毎夜《すうねんらいまいよ》六、七回《かい》も尿《にょう》を催《もよお》してこの頃《ごろ》のように寒い時《とき》には大変苦痛《たいへんくつう》でありましたが、それが先生《せんせい》のお話を聴《き》きましてから直《すぐ》に夜間《やかん》はほとんど尿を催さなくなりました」と感謝《かんしゃ》されたのである。この婦人は別《べつ》に病気《びょうき》を治《なお》そうと思って「生長の家」へ来《こ》られ

渾然　一つにとけ合っているさま

たわけではなかった。ただ正しい信仰《しんこう》を求めて来《こ》られたわけであったが、信仰が更《あらた》まると同時《どうじ》にこの結果《けっか》を自然《しぜん》に伴《ともな》うたのであった。思うに、この婦人《ふじん》は犠牲犠牲《ぎせいぎせい》という考えにとらわれて、実相《じっそう》に於《おい》ては有《あ》りもせぬ苦痛《くつう》を、ありと思ってひとり心に苦痛の念《ねん》を溜《た》めておく習慣《しゅうかん》であったが為《ため》にその苦痛の念《ねん》の出場所《でばしょ》がなく、頻尿《ひんにょう》という形《かたち》にあらわれていたのであった。苦痛が尿《にょう》の形に変形《へんけい》してあらわれる例《れい》は、子供《こども》などが虐《いじ》められて泣《な》き叫《さけ》ぶとき、その苦痛を怺《こら》えようとして尿を漏《も》らすのでも明《あきら》かである。「犠牲犠牲《ぎせいぎせい》」の呻《うめ》き声《ごえ》などは、ありもせぬ仮相《かそう》の苦痛をあるかの如《ごと》く絶《た》えず忍《しの》びつつ、漏《も》らしている尿にも等《ひと》しき愚《おろ》かしき迷《まよ》いの変形でしかないのである。神の造《つく》り給《たま》えるこの世界《せかい》は決《けっ》して犠牲《ぎせい》を必要《ひつよう》とする程不完全《ほどふかんぜん》ではないのである。我《わ》れ人類《じんるい》に告《つ》ぐ、この世界は誠《まこと》に常楽《じょうらく》の実相土《じっそうど》であるのである。

頻尿　排尿の回数が多くなる症状

仮相　仮に現れている姿

第二章　宗教《しゅうきょう》の奇蹟的功徳《きせきてきくどく》はどこから来《く》るか

昭和《しょうわ》十年四月七日午後《ごご》二時より神戸市神港倶楽部《こうべししんこうくらぶ》にての治病《ちびょう》の真理《しんり》を公開《こうかい》せし際《さい》の講演速記《こうえんそっき》

唯今或《ただいまあ》るお寺の奥《おく》さんで御自分《ごじぶん》が永《なが》らく胸《むね》をお患《わずら》いになっていた方《かた》で、ふとした機会《きかい》に、『生長の家《せいちょうのいえ》』をお読みになり、石橋貫一《いしばしかんいち》さんの御訪問《ごほうもん》をお受けになり、「生長の家」の真理をきいているうちに、病気《びょうき》というものを全然《ぜんぜん》超越《ちょうえつ》してしまわれまして、去年中《きょねんちゅう》は何《なん》十回《かい》となく喀血《かっけつ》していられ、最近《さいきん》にも又大喀血《まただいかっけつ》せられたのに、その方《かた》が心機一転《しんきいってん》、明石《あかし》から神戸《こうべ》まで自動車《じどうしゃ》を走

頭注版㉗一七頁

神戸市神港倶楽部　現在の神戸市中央区にあった社交クラブ。貸会場としても利用された。大東亜戦争時に焼失した

『生長の家』　著者の個人雑誌として昭和五年三月一日に創刊された。本全集第三十一～三十三巻「自伝篇」参照

石橋貫一さん　本全集第二十九巻「宗教問答篇」第四章、本巻第三章等参照

喀血　肺や気管支が出血し、その血を咳とともに吐くこと

心機一転　心持ちがすっかり変わること

らせ、その足で京都《きょうと》までまた自動車《じどうしゃ》で長駆《ちょうく》して京都の御主人《ごしゅじん》を御訪問《ごほうもん》になり、その足で生長《せいちょう》の家京都支部《いえきょうとしぶ》の小木博士《こぎはくし》を訪問《ほうもん》していよいよ益々《ますます》、病気《びょうき》本来無《ほんらいな》し、ただ有《あ》るものは無量寿《むりょうじゅ》、無量光《むりょうこう》の阿弥陀仏《あみだぶつ》だけであるという真《しん》理《り》を悟《さと》られました結果《けっか》、自分《じぶん》の病気が無《な》くなってしまった。今迄《いままで》、浄土宗《じょうどしゅう》のお寺の出身《しゅっしん》で、同じ浄土宗のお寺へ嫁《とつ》いで行《ゆ》きながら、南無阿弥陀仏《なむあみだぶつ》と称《とな》えるのが何《なん》となしに心にそぐわない、ピッタリしないような、恥《はず》かしいような気持《きもち》であったのが、今《いま》では、自然《しぜん》と心が阿弥陀仏《あみだぶつ》の中《なか》へ融《と》け込《こ》んでしまって南無阿弥陀仏《なむあみだぶつ》と口から称名念仏《しょうみょうねんぶつ》が計《はか》らわずして出るようになった。そして病人《びょうにん》に手を触《ふ》れて南無阿弥陀仏《なむあみだぶつ》と称《とな》えると、その病人の病気が自然に治《なお》るようになったということを話されまして、後方《うしろ》の控室《ひかえしつ》に来《こ》られていますと、ちょうど、その次《つぎ》の佐藤彬《さとうあきら》さんの講演中《こうえんちゅう》に三人程《にんほど》お婆《ばあ》さんがその奥《おく》さんの処《ところ》へ遣《や》って来《こ》られまして「私は肩《かた》が凝《こ》る性分《しょうぶん》があるから、申《もう》し兼《か》ねますが、ここへちょっとそのお手を置《お》いて肩の凝《こ》りを除《と》って頂《いただ》きとうございま

長駆　長い道のりを走ること

小木博士　小木虎次郎。慶応二～昭和十五年。工学博士。京都帝国大学理工科教授。関西や中部地方の電気事業にも携わる。昭和八年に月刊誌『生長の家』に発表された著者の自由詩「甘露の法雨」を折本型で製本し、今日の「聖経」の雛形となった

無量寿　永遠に続く生命

無量光　無限の智慧の光

阿弥陀仏　一切の衆生を救うために四十八願を立てて修行し仏となった。浄土宗・浄土真宗の本尊。阿弥陀如来ともいう

浄土宗　法然上人を開祖とし、平安時代末期に興った仏教の宗派。南無阿弥陀仏と念仏を称えれば極楽に往生するという他力の教えを説く

す」といわれるのでありました。その奥《おく》さんは困《こま》った顔《かお》をして、「あなたはおしまいまで先生《せんせい》たちのお話をききなさい。そうしたら自然《しぜん》に肩《かた》の凝《こ》りが除《と》れてしまいます」といっていられる。お婆《ばあ》さんの人《ひと》は、その時講演中《ときこうえんちゅう》の佐《さ》藤彬《とうあきら》さんの話など聞かなくとも、その奥さんに手を触《ふ》れてもらって肩の凝《こ》りさえとってもらえば悟《さと》りなどということはどうでも好《よ》いというふうに、講《こう》演《えん》は聴《き》こうともしないで、尚《なお》も肩に手を触れて欲《ほ》しいといっていられるのでありました。

ところが、またそこへ姫路《ひめじ》の城戸潔雄《きどよしお》さんが来《こ》られまして、久村陸軍中《ひさむらりくぐんちゅう》将《じょう》の奥さんの知人《ちじん》になる山田《やまだ》さんという陸軍《りくぐん》の退役将校《たいえきしょうこう》の方《かた》で、脳梅毒《のうばいどく》だか脊髄癆《せきずいろう》だかで治《なお》らなかったのを、私が一喝《いっかつ》して、「生長《せいちょう》の家《いえ》は無代《むだい》だから安いというような、値段《ねだん》を物質的《ぶっしつてき》の分量《ぶんりょう》で推《お》し測《はか》るような考えで来《こ》られたら間違《まちが》いですよ。そういう人には生長の家は無代ではない、一回《かい》の神想観同《しんそうかんどう》坐《ざ》が一万円《まんえん》ですよ」といったのに心機一転《しんきいってん》して、今迄《いままで》、「私」という肉体人《にくたいにん》

南無阿弥陀仏　阿弥陀仏に帰依する意を表す言葉

称名念仏　阿弥陀仏の名をとなえること

佐藤彬さん　芸術家達による雑誌『生命の藝術』を創刊した

申し兼ねる　言いにくい

久村陸軍中将　久村種樹。明治十五〜昭和四十二年。東京帝国大学工学部火薬科卒。昭和七年に陸軍科学研究所長、同八年に陸軍中将に就任。本全集第九巻「聖霊篇」中巻第六章等参照

退役将校　現役を退いた将校。将校は戦闘を指揮する立場の少尉以上の階級の軍人

脳梅毒　脳が梅毒菌に冒されて起こる神経疾患。梅毒は、伝染性の性感染症

脊髄癆　梅毒に起因する中枢神経系統が冒される慢性疾患

間《げん》に頼《たよ》ろうと思っていた心を捨《す》て聖典《せいてん》『生命《せいめい》の實相《じっそう》』を繰返《くりかえ》し読む心になられ、ついに病気《びょうき》が治《なお》った、その山田《やまだ》さんがその席《せき》にきていられるということでありました。

「生長《せいちょう》の家《いえ》」へ来《こ》られたり、「生長の家」の聖典をお読みになりますと、あまり病気がよく治《なお》りますので、「生長の家」を病気を治《なお》すところだと思って来《こ》られる方《かた》があり、「肉体《にくたい》の私」に病気を治《なお》してもらおうと思って、こんな間違《まちがい》を生《しょう》ずるのであります。

ところが「生長の家」は決《けっ》して病気を治《なお》さないのであります。病気を心から放さしめるところなのであります。病気というものを心に握《にぎ》っていて、「この病気を治《なお》してくれ」というんでしたら、そういう方《かた》はお医者《いしゃ》さんへお出《い》でになるがよいのであります。「生長の家」はお医者さんと商売争《しょうばいあらそ》いをしようという気は更々《さらさら》ないのであります。お医者さんは病気を治《なお》そうとして色々《いろいろ》と処置工夫《しょちくふう》をめぐらせてくれるのですから、病気を治《なお》して欲《ほ》しい人《ひと》はお

一喝　大声でどなりつけること
神想観　著者が啓示によって得た坐禅に似た観法。本全集第十四、十五巻「観行篇 神想観実修本義」参照
同坐　同じ席に居合わせること
一万円　現在の約二千万〜三千万円に相当する
聖典　宗教の教義の根本となる書物

医者《いしゃ》さんへお出《い》でになるようにお勧《すす》めします。

「生長《せいちょう》の家《いえ》」は病気《びょうき》を治《なお》すところではなく、病気を放すところなのであります。よく似《に》てるようでございますが、「治《なお》す」と「放《はな》す」とでは無限《むげん》の相《そう》違《い》でございます。凝《こ》りを治《なお》して欲《ほ》しいといって来《く》る方《かた》は、「この肩《かた》の凝《こ》り」というものを、心に摑《つか》んで来《く》る人《ひと》なのであります。「この肩の凝《こ》り」「この肩の凝《こ》り」をどうとかこうとかして欲しいと、そういう人は「この肩の凝《こ》り」「この肩の凝《こ》り」と、心に固《かた》く「肩の凝《こ》り」を摑《つか》んでいるのであります。(開《ひら》いた掌《て》を握《にぎ》りながら聴《ちょう》衆《しゅう》に見せる)ところが、「ここに肩の凝《こ》りが」「肩の凝《こ》りが」と心に固く「肩の凝《こ》り」を握っている人は、心が肩に凝《こ》っているのでありますから、「ここに肩の凝《こ》りが」「ここに肩の凝《こ》りが」と心で「肩の凝《こ》り」を握っている間《あいだ》は、肩の凝《こ》りが治《なお》らないのであります。勿論《もちろん》、按摩《あんま》さんに按摩《あんま》してもらった時《とき》は、一時《じ》は治《なお》る。それは「按摩《あんま》してもらったから肩の凝《こ》りは治《なお》るに違《ちが》いない。ヤレヤレ！」と心から一時「肩の凝《こ》り」を

按摩　身体をもみほぐして血行を良くする療法。また、その仕事をする人

放下《ほうか》してしまうからであります。ところが、按摩《あんま》してもらって一時《じ》「肩《かた》の凝《こ》り」を心から放下致《ほうかいた》しましても、やがてまた肩が凝《こ》って参《まい》りますのは、心が肩に凝《こ》って来《く》るからでありますが、皆《みな》さんこの（と、コンとテーブルの表《ひょう》面《めん》を拳《こぶし》で叩《たた》いて見せて）机《つくえ》が肩が凝《こ》ったのを見たことがありますまい。皆さんは（フラスコの肩を指《ゆび》さして）この水注《みずさ》しが肩が凝《こ》ったのを見たことはありますまい。皆さんの肩は凝《こ》ってもこの机や水注《みずさ》しは肩が凝《こ》らない。これはどういうわけでありますか。机や水注《みずさ》しは物質《ぶっしつ》でありますから、心がありませんから肩が凝《こ》らないのであります。心が無《な》ければ同じ肩の肉《にく》でも肩が凝《こ》らない。牛肉屋《ぎゅうにくや》の店《みせ》にブラ下《さが》っている牛《うし》の肩肉《かたにく》がいまだかつて肩が凝《こ》ったといって呟《つぶや》いているのを見た人《ひと》はありますまい。これは店にブラ下《さが》っている牛《ぎゅう》肉《にく》の肩肉には心がないからであります。だから肩の凝《こ》る習慣《しゅうかん》の人が肩を凝《こ》らせないようにするには、心が肩先《かたさき》で凝《こ》らないようにしなければならないのであります。肩で人を押分《おしわ》け押切《おしき》って行《ゆ》くような頑固一徹《がんこいってつ》な心持《こころもち》は肩の凝《こ》

放下　投げすてること

フラスコ　首の部分の長いガラス製の徳利や酒瓶、水注し

る心持《こころもち》であります。頑固一徹《がんこいってつ》な融通性《ゆうずうせい》のない心持《こころもち》でいますと、仕事《しごと》をしても、交渉《こうしょう》しても肩《かた》が凝《こ》るのであります。行雲流水《こううんりゅうすい》のようなどこにも引っかかりのない滞《とどこお》りのない心持《こころもち》になると、肩が凝《こ》らないのであります。肩が凝《こ》るというのは要《よう》するに血の滞《とどこお》りでありますから、心が滞《とどこお》らなくなれば、肩が凝《こ》らなくなるのであります。

　だから心を一切《いっさい》のものから放《はな》して、自分《じぶん》の心が滞《とどこお》らなくなるように真理《しんり》の話をきくことが肩が凝《こ》らなくなる第《だい》一でありますのに、真理の話をきくことをしないで、「私の肩が凝《こ》って困《こま》りますからちょっと手を当《あ》てて治《なお》して下《くだ》さい」などといわれるのは、これは「生長《せいちょう》の家《いえ》」を大変《たいへん》誤解《ごかい》しているものなのであります。

　無論《むろん》、掌《て》を当ててあげると病気《びょうき》の治《なお》る場合《ばあい》もあります。今迄《いままで》、生気術《せいきじゅつ》や、掌療法《てのひらりょうほう》など修得《しゅうとく》したが、充分《じゅうぶん》その治《なお》す力《ちから》が発現《はつげん》しなかった人《ひと》で、光明《こうみょう》思想《しそう》を体得《たいとく》なさると忽然《こつねん》として驚《おどろ》くべき治療《ちりょう》力《りょく》を発揮《はっき》なさる方《かた》がありま

行雲流水　行く雲や流れる水のように、自然の動きに逆らうことなく身を任せる心境

生気術　大正時代末期から昭和初期にかけて大流行した「生気自強療法」。石井常造陸軍少将の創始。本全集第八巻「聖霊篇」上巻等参照

掌療法　患部に手のひらをかざし、そこから出るプラナ(生命磁気)によって治療する療法

忽然　にわかに

す。これは吾々《われわれ》の手掌《てのひら》から一種《しゅ》の生命磁気的波動《せいめいじきてきはどう》が出るからであります。これをロシアのグルウィチ教授《きょうじゅ》はミトゲン線《せん》と名付《なづ》けました。或《あ》る医学博士《いがくはくし》は、この手のひらの磁気的波動《じきてきはどう》を生命線《せいめいせん》と名づけておられますが、物理学的《ぶつりがくてき》に実験《じっけん》して御覧《ごらん》になった結果《けっか》、鉛《なまり》の板《いた》をもこの生命線《せいめいせん》は透過《とうか》することを発見《はっけん》せられたのであります。レントゲン線《せん》などは鉛《なまり》の板を透過することが出来《でき》ないのに、この生命線《せいめいせん》は鉛《なまり》の板をも透過するのであります。

しかしこの生命線《せいめいせん》は単純《たんじゅん》な物質的波《ぶっしつてきなみ》ではありませんから、いつまでも同じ性質《せいしつ》の波ではないのであります。心に従《したが》って波の性質《せいしつ》が変《かわ》る。手掌《てのひら》から放《ほう》射《しゃ》する放射力《ほうしゃりょく》で、何《なに》か糸で吊《つ》り下《さ》げたものを動《うご》かし得《う》る人《ひと》もあります。病《びょう》気《き》でも病気を治《なお》そうと思えば病気を治そうと思う波が手掌《てのひら》から出るのであります。しかし病気を治《なお》そうと思う心は、病気を摑んだ心である。「病気はここにアル、ここにアル」と心の中《なか》に病気を先《ま》ず描《えが》いて、念《こころ》の力《ちから》で病気に存在《そんざい》性《せい》を先《ま》ず与えておいてから、さてそれを治《なお》そうというのであります。病気と

生命磁気　人体から放出されている磁気。プラナ

グルウィチ教授　Aleksandr Gurvich 一八七四～一九五四年。帝政ロシア・ソビエト連邦時代の生物学者。モスクワ大学教授

ミトゲン線　細胞分裂の頻度を著しく高めると想像された放射線

透過　光などが通り抜けること

レントゲン線　一八九五年にドイツの物理学者レントゲンが発見した電磁波。透過力が強く、病気の診断等に用いられる。X線

いうものは心に描《えが》いてそれを形《かたち》にあらわした塊《かたまり》なのでありますから、「病気《びょうき》がここにアル」と心に描《えが》いた後《のち》に「病気を治《なお》そう」という念《ねん》を放射《ほうしゃ》しましても、治《なお》そうという念《ねん》の力《ちから》が、「病気がある」という最初《さいしょ》の念《ねん》の力に牽制《けんせい》されて病気が治《なお》りにくいのであります。

生長《せいちょう》の家《いえ》では、「病気がここにアル」と心に先《ま》ず摑《つか》むということがない。頭《あたま》から「病気はない」と、心の世界《せかい》から病気を放《はな》ち去《さ》ってしまうのですから、生長の家所説《しょせつ》の真理《しんり》に通達《つうたつ》した人《ひと》は、心の世界に病気を描《えが》かない、従《したが》って、手掌《てのひら》から出る生命磁気《せいめいじき》の病気の存在《そんざい》を打消《うちけ》す性質《せいしつ》が非常《ひじょう》に強いのであります。在来《ざいらい》から色々《いろいろ》の心霊療法《しんれいりょうほう》を習《なら》ってもあまり治療力《ちりょうりょく》を発揮《はっき》しなかった人が、「生長の家」の聖典《せいてん》を読んで治療力を倍加《ばいか》されるのはこの原理《げんり》によるのであります。病気を心に握《にぎ》っておいて念力《ねんりき》を伝《つた》えるのと、病気を心から放してしまっておいてから光明《こうみょう》の念力《ねんりき》を伝えるのとはこれ程《ほど》の相違《そうい》があるのであります。

牽制　相手の注意をひきつけて自由な行動を取らせないこと

所説　説くところ。主張の内容

通達　その道に深く達すること

心霊療法　霊的エネルギーを患者に送って病気を癒す治療法

　さて、山田《やまだ》さんの話に帰りますが、この人《ひと》は久村中将夫人《ひさむらちゅうじょうふじん》に伴《ともな》われて、生長《せいちょう》の家《いえ》へお出《い》でになったのであります。脳梅毒《のうばいどく》だか脊髄癆《せきずいろう》だかの病気《びょうき》を提《ひっさ》げて、ここに病気があります、この病気を治《なお》して下《くだ》さいと、心に病気というものを摑《つか》んでお出《い》でになったのであります。ところが「生長の家」は病気を治《なお》す処《ところ》ではない。「人間本来病気《にんげんほんらいびょうき》はない」と教《おし》える所《ところ》なのであります。病気を治《なお》すと「病気は無《な》い」とは大違《おおちが》いであります。この大違《おおちが》いで、山田さんの被仰《おっしゃ》るところと、私の言うところとが食《く》い違《ちが》ったのであります。その時《とき》、山田さんは虎《とら》ノ門《もん》の脳脊髄《のうせきずい》の専門病院《せんもんびょういん》佐田医博《さだいはく》の所に通《かよ》っていた。そして、「私はこの佐田病院《さだびょういん》の治療法《ちりょうほう》は日本中《にっぽんじゅう》で最《もっと》も好《よ》い療法《りょうほう》だと信じていますが非常《ひじょう》に高価《こうか》であって私の経済力《けいざいりょく》では続けることが出来《でき》ないので生長の家へ来《き》ました」といわれた。この人《ひと》は生長の家を信じて来《こ》られたのではない。佐田病院の治療法こそ最高《さいこう》の治療法であると信じているけれども、生長の家はその治療法より劣《おと》っているけれども、値段《ねだん》の点《てん》で安いから来《き》たといわれたのであります。こういう考《かん》え方《かた》で生長《せいちょう》の家《いえ》は安いから無代《ただ》だからというので来《こ》られる方《かた》がありますが、これは大変《たいへん》な心得違《こころえちが》いなのであります。生長の家は、実際《じっさい》の効果《こうか》の上《うえ》で医術《いじゅつ》ほどの効果はないが、医術よりも安価《あんか》で、値段《ねだん》の点で医術と競争《きょうそう》しようなどというものでは全然《ぜんぜん》ないのであります。医術と比《くら》べて値段で競争するなどとなると、お医者《いしゃ》さんの職業《しょくぎょう》を奪《うば》ってしまうことになりますので、お医者さんから抗議《こうぎ》が出ることだろうと思いますが、生長の家は医者と競争するつもりはサラサラないのであります。医者で治《なお》る病《びょう》気《き》は医者へ往《い》って治《なお》してもらって下《くだ》さい。医者の方《ほう》がよく治《なお》るけれども金《かね》が続かぬから、生長の家の方《ほう》へ来《き》たというような人《ひと》はお断《ことわ》りするほかはないのであります。だいたい医者は病気はどこにあるかと探《さが》し出《だ》して病気というものを心につかんで適当《てきとう》の処置《しょち》を下《くだ》して治《なお》すのであり、生長の家は病気というものから心を放下《ほうか》せしめて、心の世界《せかい》から病気を放逐《ほうちく》する結果《けっか》、肉体《にくたい》の病気を自消《じしょう》せしめてしまうのであります。一方《いっぽう》は病気を捉《とら》える、一方は病気を放《はな》

放逐　追い払うこと

す。すっかり目的《もくてき》が違《ちが》うのでありますから、病気《びょうき》を心に捉《とら》えてここに病気がアルアルと思って、それを治《なお》すために出掛《でか》けて行《ゆ》く人《ひと》はお医者《いしゃ》さんの処《ところ》へお出《い》でになられたいのであります。

だから、生長《せいちょう》の家《いえ》へ病気を持ってやって来《こ》られて、この病気を治《なお》して下《くだ》さいといわれるのは見当違《けんとうちが》いなのであります。そこでこの山田《やまだ》さんは、他《た》の一切《いっさい》の治療法《ちりょうほう》に見放《みはな》されたのでもなく、生長の家をば唯一絶対《ゆいいつぜったい》の拠《よ》り所《どころ》だと信頼《しんらい》する心があるのでもなく、ただ安価《あんか》だから治《なお》してもらいに来《き》たといわれたのでありますから、「生長の家は決《けっ》して安い処《ところ》じゃありませんよ。一回《かい》の神想観《しんそうかん》に同坐《どうざ》するのが一万円《まんえん》なのです。安いと思って来《こ》られたのなら帰って下《くだ》さい。」私は笑い笑い冗談《じょうだん》をいいながら、山田邦秀《やまだくにひで》さんの心の向《む》き方《かた》の違《ちが》っているところを正《ただ》そうとしたのでありました。山田さんは無代《ただ》だと思って来《こ》られたのに、一回の神想観《しんそうかん》が一万円だといわれたものですから、呆然《ぼうぜん》自失《じしつ》して我《われ》を疑《うたが》うような顔附《かおつき》をしてモジモジしながら坐《ざ》していられたもので

呆然自失　あっけにとられて我を忘れてしまうこと

す。するとその時海軍大佐《ときかいぐんたいさ》の野村義隆《のむらよしたか》さんがその隣席《りんせき》にいられて、「先生《せんせい》が帰れと被仰《おっしゃ》ったらお帰りなさい。さ、お帰りなさい。先生のお言葉に素直《すなお》に従《したが》うのが道《みち》を求むる者《もの》の正しい態度《たいど》です。またお出《い》でになりたかったら、一度《ど》は素直に帰ってから再《ふたた》びお詫《わ》びをして出直《でなお》して来《く》るものです。」野村《のむら》さんは軍人《ぐんじん》さんだけに、上官《じょうかん》の命令《めいれい》は理非《りひ》はいわずハイと諾《う》けて従《したが》うのが道であると教《おし》えられた。すると山田《やまだ》さんも軍人である、ちょうど軍人さんが軍人さんに命令を下《くだ》したような恰好《かっこう》になって、その日《ひ》は山田さんは生長《せいちょう》の家《いえ》からお帰りになったのであります。久村中将夫人《ひさむらちゅうじょうふじん》が紹介同伴《しょうかいどうはん》して来《こ》られていましたので中将夫人にはお気《き》の毒《どく》でありましたが、こういう場合《ばあい》手から出る放射能《ほうしゃのう》が病気《びょうき》を治《なお》す力《ちから》があるからといって、「手」などを触《ふ》れて病人《びょうにん》を治《なお》すことは生長の家としては出来《でき》ない。御本人《ごほんにん》は佐田病院《さだびょういん》の物質療法《ぶっしつりょうほう》を全日本最善《ぜんにっぽんさいぜん》の療法《りょうほう》だと信じていられる。物質が最善の療法だと信じている人に「手」を当てて治しましたら、その場合、手の放射波を通じてたとい光明思

野村義隆さん　生長の家草創期の熱心な信徒の一人。『生命の實相』全集にもたびたび登場する

理非　道理にかなっていることと外れていること

たとい　「たとえ」に同じ

念を伝達して治したのでありましょうとも、「手」という物質が治したということになる。これでは生命が物質に支配されたということに誤解されてしまって、一時《じ》はその病気《びょうき》は治《なお》っても、本人《ほんにん》の生命《せいめい》が自主的《じしゅてき》至高《しこう》の存在《そんざい》であるという大自覚《だいじかく》に入《い》る事《こと》が出来《でき》ませんから、心の病《やま》いが治《なお》っていない、これでは本人《ほんにん》は本当《ほんとう》に救《すく》われないのでありますから、手を触《ふ》れたら一時は治《なお》ることは判《わか》っていましても手を触れることは出来ないのです。野村《のむら》さんに逐《お》い立《た》てられるようにして、山田《やまだ》さんは玄関《げんかん》までお出《い》でになった。中《なか》に立った久村《ひさむら》中将夫人《ちゅうじょうふじん》がお気《き》の毒《どく》そうに山田さんに説明《せつめい》して、『生命《せいめい》の實相《じっそう》』を読んで心を病気から放《はな》てば治《なお》るのですから……といって色々《いろいろ》と話していられる。ここに救いが成就《じょうじゅ》したのです。生長《せいちょう》の家《いえ》の救いは、易《やさ》しいようで難《むつ》かしい。難《むつ》かしいようで易しいのであります。易しいのは心から一切の捉われを放すのですから易しいのです。何《なん》でも、重い物《もの》でも、ここへ摑《つか》んで引提《ひっさ》げて持って来《こ》いといわれたら、重すぎたり、大き過ぎたりして持てない場合《ばあい》がある。

至高　この上なく高くすぐれたさま。最高

しかし、どんな持てないような重い物《もの》でも、放《はな》すことは、放そうと心で思いさえすれば放せるのでありますから、易《やさ》しいことであります。それに放すことが難《むつ》かしいように見えるのは、心がそれを放すことを肯《がえ》んじないからであります。しかし、心も絶体絶命《ぜったいぜつめい》の境《きょう》におかれると、放さずにいられなくなる。だから、絶体絶命は悟《さと》りへの門口《かどぐち》である。山田《やまだ》さんは、はじめに佐田病《さだびょう》院《いん》の治療法《ちりょうほう》を全日本最善《ぜんにっぽんさいぜん》の療法《りょうほう》だと掴《つか》んでいられた。物質療法《ぶっしつりょうほう》は良《よ》い療法だと心に掴《つか》んでいられた。しかしその治療費《ちりょうひ》が続かないので、嫌《いや》でもその物質療法を放さねばならなくなった。今度《こんど》は生長《せいちょう》の家《いえ》を他種類《たしゅるい》の費用《ひよう》の安くてすむ、何か形《かたち》のある療法だと思って掴《つか》みに来られたのであります。ところが、「生長の家」は形が無《な》い、どういう療法をしてくれるということもなく、安いと思って来《こ》られたのなら出直《でなお》して来《き》なさい、生長の家は安い所《ところ》ではない、一回《かい》の神想観《しんそうかん》に同坐《どうざ》するのが一万円《まんえん》であるといわれた。そこで折角《せっかく》、山田さんが何《なに》か掴《つか》もうと思って来られたのに掴《つか》めなかった。形があるかと思

肯んずる　聞き入れる。承知する

絶体絶命　体も命も絶たれてしまうほど追いつめられた状態

えば形《かたち》がない。安いかと思ったら一万円《まんえん》であるといわれる。尤《もっと》も一万円とは、私が余程《よほど》割引《わりびき》をして冗談《じょうだん》をいったので、百万円といっても、一億円《おくえん》といっても好《よ》いのであります。事実上《じじつじょう》は生長《せいちょう》の家《いえ》では一銭《せん》も治療費《ちりょうひ》といってはとらないのでありますが、生長の家へ来《く》ると、一切《いっさい》の摑《つか》んでいるものを放《ほう》下《か》せねばならないのですから、百万円、一億円よりもまだまだ高いともいえるのであります。しかし「一切の摑《つか》んでいるものを放下《ほうか》せよ」ということは、何《なに》も現在《げんざい》の天理教《てんりきょう》の或《あ》る布教師《ふきょうし》のように、生長の家教団本部《きょうだんほんぶ》へ金《かね》を持って来《こ》いということではない。そんなことをいったら、生長の家自身《じしん》が何かを又摑《またつか》んでいるということになってしまう。山田《やまだ》さんは佐田病院《さだびょういん》では高価《こうか》な治療費《ちりょうひ》に窮《きゅう》した結果《けっか》、治療法《ちりょうほう》を嫌《いや》でも離《はな》してしまわねばならなかった。生長の家は安いかと思って頼《たよ》って来《き》たら、「安いどころか一回の神想観同坐《しんそうかんどうざ》が一万円である」と突《つ》っぱねられた。そこへ久村中将夫人《ひさむらちゅうじょうふじん》が『生命《せいめい》の實《じつ》相《そう》』を読むように勧《すす》められた。如意棒《にょいぼう》でコツンとやられたところへ『生命《せいめい》の

百万円　現在の約二十億〜三十億円に相当する

一億円　現在の約二千億〜三千億円に相当する

天理教　教派神道の一つ。天保九年、中山みきの創始。欲を捨てて神に任せる「陽気暮らし」をかかげて布教した。奈良県天理市に本部を置く

如意棒　読経や説法の時に僧侶が手にする法具

實相《じっそう》』と公案《こうあん》を与えられたようなものである。もうこの山田《やまだ》さんは『生命《せいめい》の實相《じっそう》』に頼《たよ》るよりほか仕方《しかた》がない。もう絶体絶命《ぜったいぜつめい》である。『生命《せいめい》の實相《じっそう》』を読んで読んで、神想観《しんそうかん》をしていられるうちに自分《じぶん》の生命《せいめい》の実相《ほんとのすがた》を悟《さと》られた、と同時《どうじ》に病《やま》い頓《と》みに癒《い》えて本来《ほんらい》の無病不悩《むびょうふのう》な生命《せいめい》の本当《ほんとう》の相《すがた》が客観的《きゃっかんてき》にもあらわれて来《き》たのであります。

大体《だいたい》病気《びょうき》を治《なお》すのは医術《いじゅつ》であって宗教《しゅうきょう》ではないのであります。宗教とは根本《こんぽん》の教《おしえ》――即《すなわ》ち病気の本来ないところの「神の子」「仏子《ぶっし》」なる実相《じっそう》を悟《さと》らしめる根本の教《おしえ》でなければならないのであります。病気はあると衆人《しゅうじん》は思っている。老衰《ろうすい》はあると衆人は思っている。死はあると衆人は思っている。生活苦《せいかつく》はあると衆人は思っている。宗教は、これ等《ら》の四苦《く》をあるとして治《なお》すのでなく、これらの四苦の本来ない世界《せかい》を悟らしめるのが宗教の本体《ほんたい》であります。今迄《いままで》の宗教はこれらの四苦を解脱《げだつ》せしめる――あるがままで捉《とら》われないようにせしむるのであって、現実《げんじつ》に、ここが、この世界が、既に病気

公案　禅宗で悟りに導くために与える課題

頓みに　にわかに。急に

衆人　大勢の人

解脱　束縛から解き放たれて、悟りを得ること

の無《な》い世界《せかい》、老《おい》のない世界、死のない世界だと知らしめることには成功《せいこう》しなかった。従《したが》って一方《いっぽう》に現実《げんじつ》には生老病死《しょうろうびょうし》の苦しい世界があることを認めつつ、それを消極的《しょうきょくてき》に諦《あきら》めて、他方《たほう》に、或《あるい》は死後《しご》の世界に、生老病死《しょうろうびょうし》のない浄土《じょうど》を欣求《ごんぐ》したり建立《こんりゅう》したりしようとしていたのであります。ところが、生長《せいちょう》の家《いえ》は「物質《ぶっしつ》なし」「肉体《にくたい》なし」の喝破《かっぱ》によって、他《た》の教《おしえ》のように生老病死《しょうろうびょうし》の現実世界《げんじつせかい》があると認めつつ、他方に生老病死《しょうろうびょうし》のない世界を欣《ごん》求《ぐ》したり建立《こんりゅう》したりしようとする必要《ひつよう》がなくなったのであります。「生老《しょうろう》病死《びょうし》の現実世界」はあるように見えても無いと喝破《かっぱ》された。ここに苦しい娑婆世界《しゃばせかい》があるのにそれを解脱《げだつ》するというのではなく、もう既にそんな生《しょう》老病死《ろうびょうし》の世界は無いと喝破《かっぱ》されたのであります。遥《はる》かに彼方《かなた》の世界に、未《み》来《らい》の世界に、理想《りそう》の世界に、極楽浄土《ごくらくじょうど》を描《えが》いて、その浄土《じょうど》をこれから欣求《ごんぐ》したり建立《こんりゅう》したりするのではなく、既に今ここに極楽浄土があり、既に今ここに極楽満ち備われる仏《ほとけ》なる自分があるということを喝破したのであり

欣求　仏教語。よろこんで願い求めること
喝破　物事の本質を説き明かすこと
娑婆世界　この世。俗世界

ます。既に、ここが、この現実世界が、（といっても五官《ごかん》に見える世界《せかい》ではない）この、この今なる世界が実相浄土であり、この、この身が（といっても、五官に見えるこの身《み》ではない）このここに在《あ》るこの身が既《すで》に生老病死《しょうろうびょうし》を超越《ちょうえつ》した仏身《ぶっしん》、金剛不壊身常楽身《こんごうふえしんじょうらくしん》であることを喝破《かっぱ》したのであります。さればこそ生長《せいちょう》の家の吾《われ》らは今《いま》、現実世界《げんじつせかい》にも無限《むげん》の健康《けんこう》が見出《みいだ》され無限の能力《のうりょく》が見出《みいだ》され、無限の供給《きょうきゅう》が見出《みいだ》され、常楽歓喜《じょうらくかんき》の現実浄土《げんじつじょうど》が見出《みいだ》されているのであります。

既《すで》に成《な》れる円満常楽世界《えんまんじょうらくせかい》、既《すで》に成れる円満不苦不悩《ふくふのう》の身《み》、これを指《さ》し示《しめ》し、それを体得《たいとく》せしめるのが宗教《しゅうきょう》の本当《ほんとう》の使命《しめい》であります。病気直《びょうきなお》しだと思われている天理教《てんりきょう》にしてさえも、教祖《きょうそ》は病気直しが本態《ほんたい》だといわれなかったのであります。天理教祖《てんりきょうそ》の筆先《ふでさき》の中《なか》には、人間永遠《にんげんえいえん》「病《や》まず死なずに弱りなき」実相《じっそう》を知らせるのがこの道《みち》であると説《と》いておられるのであります。この事《こと》は、『生命《せいめい》の實相《じっそう》』「万教帰一篇《ばんきょうきいっぺん》」に説いておきましたから読んで下《くだ》さ

五官　外界の事物を感じ取る五つの感覚器官。目・耳・鼻・舌・皮膚

金剛不壊身　ダイヤモンドのように非常に堅固で、どんなものにも壊されない身

本態　本来のすがた

筆先　天理教・大本教などで、教祖が神憑りして啓示を受け、自ずと筆を動かして書いたとされる文章

「万教帰一篇」　本全集では第十九～二十一巻。上記の内容は第二十巻第三章にある

い。人間《にんげん》は本来水晶《ほんらいすいしょう》球《きゅう》のような円満完全《えんまんかんぜん》清浄《しょうじょう》のようなものであって本来汚《けが》れなきものであるけれども、ちょいとホコリのついただけである。そのホコリさえ払《はら》ってしまえば実《じつ》に円満玲瓏珠《えんまんれいろうたま》の如《ごと》き完全なものであると説《と》いていられるのであります。さてそのホコリとは何《なん》であるかと申《もう》しますと、天理教《てんりきょう》祖《そ》の筆先《ふでさき》にはチャンとこう書いてあります。「このみちは惜《お》しい欲《ほ》しいと可《か》愛《わい》いと慾《よく》と高慢《こうまん》これがホコリや」と書いておられるのであります。この「惜しい欲しい可愛い」が吾々《われわれ》の実相《じっそう》の玲瓏円満《れいろうえんまん》なるすがたを蔽《おお》い隠《かく》してしまう最大《さいだい》のホコリなのであります。

「惜しい」というのは出したら減《へ》るという感《かん》じであります。「出したら減る」という感じは吾《わ》が実相が神であって無限《むげん》を内《うち》に包蔵《ほうぞう》しているということを自覚《じかく》しないからであります。働《はたら》いたら力《ちから》が減る、働いたら精力《せいりょく》が減る、過労《かろう》したら病気《びょうき》になるなどと思っている——皆《みな》これは塵埃《ほこり》であって実相を蔽《おお》うているのであります。人間の実相は無限力《むげんりょく》の「神」であり「仏《ほとけ》」であ

玲瓏　玉などが透き通って、明るく輝いているさま

高慢　他をあなどって偉そうにふるまうこと

りますから、いくら働《はたら》いても勉強《べんきょう》しても疲《つか》れようがないのが本当《ほんとう》であるのに、その本来《ほんらい》の相《すがた》を蔽《おお》い隠《かく》している。だから、これが塵埃《ほこり》の第《だい》一だといわれたのであります。

「惜《お》しい」次《つぎ》には「欲《ほ》しい」がホコリであると、天理教祖《てんりきょうそ》は固《かた》くこの「欲しい」を戒《いまし》めていられるのであります。この「欲しい」という戒めの中《なか》には「病気《びょうき》を治《なお》して欲しい、金持《かねもち》にして欲しい」こういうような欲しいもあるのであります。「欲しい」という心を起《おこ》すのが第一のホコリだといわれている天理教《てんりきょう》の神様《かみさま》のところへ往《い》って「病気を治《なお》して欲しい」と、人間《にんげん》は慾《よく》な願《ねが》いを持《も》ち込《こ》んだ――この人間のひとり善がりな高慢《こうまん》にも神様は閉口《へいこう》せられて、重《かさ》ねて「慾《よく》と高慢これがホコリや」といっていられるのであります。欲しいという心が何故《なぜ》悪いかと申《もう》しますと、「欲しい」という心は「まだ与えられていない、まだ治《なお》っていない」という心――既に与えられ、既に治っており、既に満《み》ち足《た》り、既に完全《かんぜん》なる生命《せいめい》なるところの実相《じっそう》を知らない心、実相を蔽《おお》うている心でありますから埃《ほこり》なのであります。この席《せき》に天理教《てんりきょう》の信者《しんじゃ》がいられるかどうか知りませぬが、天理教の信者で天理教の神様《かみさま》に「病気《びょうき》を治《なお》して欲しい」と祈願《きがん》なさる人《ひと》があれば、わざわざ「教祖《きょうそ》の教《おしえ》を私は破《やぶ》りました」と神様に報告《ほうこく》しに行《ゆ》くようなものであります。（笑声《しょうせい》）こういうように天理教でも教祖の教《おしえ》は実《じつ》に立派《りっぱ》な教《おしえ》である。病気を治《なお》す宗教《しゅうきょう》ではなく、病気の無い実相を知れ、そして治《なお》して欲しいなどというような捉《とら》われた心を起《おこ》さず、既《すで》に病気のない実相を知れ、という教《おしえ》なのであります。

四、五日前《にちまえ》、六十数歳《すうさい》の老媼《おばあ》さんが生長《せいちょう》の家本部《いえほんぶ》へやって来《こ》られました。このお婆《ばあ》さんは五、六年前に子宮癌《しきゅうがん》に罹《かか》られたのです。それが三年前になった頃《ころ》には大変重態《たいへんじゅうたい》になって来《き》ましたので、治《なお》して欲しいと専門医《せんもんい》に診《み》てもらわれると、以後《いご》一年間《ねんかん》も切開手術《せっかいしゅじゅつ》せずにおいたらこのまま、次第弱《しだいよわ》りに衰弱《すいじゃく》して死んでしまうといったのであります。それでは切開手術したら何《なん》年保《ねんも》つかというと、医者《いしゃ》は「もう御老体《ごろうたい》のことであるから、それは請合《うけあ》え

生長の家本部　昭和九年に神戸から移転して現在の東京都渋谷区原宿に置かれ、その後港区赤坂に移り、さらに昭和二十九年、原宿に移った

次第弱り　だんだんと弱っていくこと。少しずつ衰弱していくこと

ない」というのです。切らなかったら一年《ねん》しか寿命《じゅみょう》がない、切っても寿命は請合《うけあ》えないというのです。（一同笑声《いちどうしょうせい》）で、このお婆《ばあ》さんは、もう「治《なお》して欲しい」という「欲《ほ》しい」を心からサラリと棄《す》ててしまわれたのであります。もう「命が惜《お》しい」の「惜《お》しい」も無《な》くなった。「治《なお》して欲《ほ》しい」の「欲《ほ》しい」も無《な》くなった。そして、もう六十歳《さい》といえば人間《にんげん》の定命《じょうみょう》なる五十歳を十年も越《こ》えている。この上《うえ》一年も生きさせてもらったら有難《ありがた》い。この一年の間《あいだ》に、今迄《いままで》お世話《せわ》になった人々《ひとびと》に対《たい》する感謝《かんしゃ》の生活《せいかつ》を送りましょうという気持《きもち》になって、何《なん》の「欲《ほ》しい」「惜《お》しい」もなしに唯々報恩《ただただほうおん》感謝の生活を送るために、病《や》み衰《おとろ》えた老軀《ろうく》を起《おこ》して出来《でき》るだけのことをし始《はじ》められたのであります。すると、不思議《ふしぎ》なことには、医者《いしゃ》が「このまま手術《しゅじゅつ》せずに一年間経過《ねんかんけいか》すれば死ぬ」といったその子宮癌《しきゅうがん》の身体《からだ》が不思議にめきめき健《けん》康《こう》になって来《き》たのであります。そして、一年もすると衰弱《すいじゃく》して死ぬどころか、いよいよ益々《ますます》健康になり、三年後《ねんご》の今日《こんにち》では、肉附《にくづき》も病前《びょうぜん》よりもよい

定命　定められた寿命

老軀　年老いて衰えたからだ。老体

位《くらい》になり、三年前《ねんぜん》よりも一層若返《いっそうわかがえ》り、もうどこから見ても病人《びょうにん》とは思えない程《ほど》になってしまったのであります。しかし、唯一《ただひと》つ子宮癌《しきゅうがん》の徴候《ちょうこう》なるオリ物《もの》が依然《いぜん》として止《や》まなかった。すると、ちょうど一ヵ月《げつ》ばかり前《まえ》に日本郵船《にっぽんゆうせん》欧州航路《おうしゅうこうろ》の香取丸《かとりまる》に乗込《のりこ》んでいる村上數一《むらかみかずいち》さんが横浜《よこはま》へ入港《にゅうこう》して、その香取丸《かとりまる》が横浜船渠《よこはまドック》に入《はい》っている間《あいだ》に、村上數一《かずいち》さんがこのお婆《ばあ》さんのことを思出《おもいだ》されまして、というのはこのお婆《ばあ》さんは村上さんの奥様《おくさま》の伯母《おば》さんに当《あた》るので、お婆《ばあ》さんを訪問《ほうもん》されましたのがちょうど一週間《しゅうかん》ばかり前《まえ》のことであります。村上數一《かずいち》さんが、「病気《びょうき》なんて本来無《ほんらいな》いのだから、この聖典《せいてん》を十頁《ページ》でも二十頁でも読んで御覧《ごらん》なさい。きっと子宮癌《しきゅうがん》のオリ物《もの》などは止《と》まるから」といって聖典『生命《せいめい》の實相《じっそう》』をお上げになった。お婆《ばあ》さんはその日《ひ》、眼鏡《めがね》をかけつつ十頁ほど『生命《せいめい》の實相《じっそう》』をお読みになりましたが、不思議なことにはその翌日その子宮癌のオリ物がスッカリ治ってしまったのであります。

徴候　しるし

日本郵船　明治十八年に設立され現在に至る海運会社。東京都千代田区に本社がある

香取丸　大正二年竣工。昭和十六年にボルネオ島沖で沈没

船渠（せんきょ）　船舶を建造したり修繕したりする所

このお婆《ばあ》さんは、最初《さいしょ》「治《なお》して欲《ほ》しい」と思って、欲しいという心で医者《いしゃ》へお出《い》でになったのでありましたが、手術《しゅじゅつ》しなければ死ぬし、手術しても死ぬし、もう絶体絶命《ぜったいぜつめい》、治《なお》して欲しいという心がなくなって、心から病気《びょうき》を放《はな》してしまわれたのであります。心から病気を放してしまったら、病気とは心で作《つく》り上《あ》げた悩《なや》みが形《かたち》に顕《あら》われたものでありますから、ただそれだけでも病気が治《なお》るのであります。死んでも好《よ》い、身体《からだ》やいのちを惜しいと思わない、これは不惜身命《ふじゃくしんみょう》である。治《なお》して欲しいと思わない、求むるところがない、欲《よく》がない、この身体《からだ》が可愛いとは思わない、ただ自分《じぶん》に求むるところがなく、感謝報恩《かんしゃほうおん》の心が動いた。自分に求むるところがなく感謝報恩の心持《こころもち》になる、ということは無我《むが》になって、全体《ぜんたい》の生命《せいめい》に奉仕《ほうし》するということである。無我《むが》になって全体の生命《せいめい》の為《ため》に生《い》きるとき、全体の生命即《せいめいすなわ》ち天地《てんち》に満《み》つる神の生命《せいめい》が自分に生きて来《く》るのであります。天地に満つる神の生命《せいめい》が生きるとき、もうその人《ひと》は健康《けんこう》になるほかはないのであります。このお婆《ばあ》さん

不惜身命　『法華経』「譬喩品」にある言葉。自分の身体も命も惜しまないこと

が、もう長生《ながい》きしようとすら求めなくなった時却《ときかえ》って健康《けんこう》になったのは、この理由《りゆう》によるのであります。しかし子宮癌《しきゅうがん》のオリ物《もの》だけは止《とま》らなかったのは何故《なぜ》かと申《もう》しますと、もう一年間《ねんかん》も切開《せっかい》せずにおいたら死ぬという程《ほど》の重症《じゅうしょう》がこの子宮《しきゅう》に実際《じっさい》ここに存在《そんざい》するという暗示《あんじ》を医者《いしゃ》の言葉から受けていたからであります。ところが聖典《せいてん》『生命《せいめい》の實相《じっそう》』を読んだとき、子宮癌《しきゅうがん》のオリ物《もの》が止《とま》ったのは、「人間《にんげん》とは肉体《にくたい》ではない、従《したが》ってまた肉体の病気《びょうき》は存在しない」ということが判《わか》ったので、ここに具体的《ぐたいてき》に子宮癌《しきゅうがん》という悪性《あくせい》の病気がアルという観念《かんねん》が去ったからであります。

子宮癌《しきゅうがん》のオリ物《もの》が止《とま》った話では盛岡市《もりおかし》から十里《り》ばかり南方《なんぽう》の黒沢尻《くろさわじり》という処《ところ》の酒造家《しゅぞうか》三浦清治《みうらせいじ》さんが聖典『生命《せいめい》の實相《じっそう》』を半分《はんぶん》ばかり読むと、その奥《おく》さんの子宮癌《しきゅうがん》のオリ物《もの》が止《とま》ったという実話《じつわ》があります。良人《おっと》が読んで妻《つま》の病気が治《なお》るというと変《へん》なようでありますが、これが実際《じっさい》の事実《じじつ》であり、また「三界《がい》は唯心《ゆいしん》の所現《しょげん》」だという仏説《ぶっせつ》からいえば当然《とうぜん》そうあらねばならない

十里　約四〇キロメートル。一里は約四キロメートル

黒沢尻　奥州街道の宿駅。北上川の河港として発展した。現在の岩手県北上市の中心地域

酒造家三浦清治さん　本全集第二十八巻「宗教問答篇」上巻第一章四七頁参照

「三界は唯心の所現」　仏教語。一切衆生が輪廻する欲界・色界・無色界の三つの世界の全ての事象は心の現れであるということ

のであります。夫婦《ふうふ》の争《あらそ》い心《ごころ》がなくなったとき、夫妻《ふさい》どちらかの病気《びょうき》が治《なお》った例《れい》はたくさんあるのであります。

金光教《こんこうきょう》でも天理教《てんりきょう》と同じく、病気を治《なお》す宗教《しゅうきょう》ではなく、「病気は無《な》い」という教《おしえ》であります。「既《すで》にすべての物《もの》は汝《なんじ》に与えてしまってある」という「生長《せいちょう》の家《いえ》」と同じ教《おしえ》が金光教なのであります。だから、金光教祖《こんこうきょうそ》は「頼《たの》まいでもお蔭《かげ》はやってある」と宣言《せんげん》せられていられるのであります。また「疑《うたがい》を離《はな》れて広き真《まこと》の大道《だいどう》を開《ひら》き見《み》よ我身《わがみ》は神徳《しんとく》の中《なか》に生《い》かされてあり」ともいっていられるのであります。既《すで》に吾等《われら》は神徳《しんとく》の中《なか》に生かされている。それを知らないで求めているのは自分《じぶん》が眼《め》を瞑《つむ》っていて、吾等《われら》を取囲《とりかこ》んでいる神徳《しんとく》に気《き》が附《つ》かないのだ、眼《め》を開《ひら》いて見よ、神徳《しんとく》の中《なか》に生かされていることが判《わか》るのだ。それだのに、御神徳《おかげ》に甲乙《こうおつ》があるように見えるのは何故《なぜ》であるか、それは三界《がい》は唯心《ゆいしん》の所現《しょげん》であるから、汝《なんじ》らは自分の心だけのものを見《み》出《いだ》すということを「お蔭《かげ》はわが心に在《あ》り」といっていられるのであります。

金光教　教派神道の一つ。安政六年、赤沢文治（川手文治郎）により創始された

金光教祖　赤沢文治（川手文治郎）。文化十一～明治十六年。備中国の農民であったが、大病を患ってのち神宣を受けて天地金乃神への信仰に目覚めた

「既《すで》に頼《たの》まなくとも十全《ぜん》のお蔭《かげ》は汝《なんじ》らに与えてある。それを現象界《げんしょうかい》に映《うつ》し出《だ》すのは汝《なんじ》らの心相応《そうおう》だけのものが映《うつ》し出《だ》されるのだ。頼《たの》んでも頼まなくとも変《かわ》るものではない」と金光教祖《こんこうきょうそ》はいっていられるのに、十銭《せん》や五十銭や十円や五十円やを神様《かみさま》に供《そな》えて「これだけ私は金《かね》を出しますから、その十倍《ばい》百倍千倍の功徳《くどく》を与えて下さい」などと慾《よく》の深い頼みようをする金光教信《こんこうきょうしん》者《じゃ》は、本当《ほんとう》は金光教信者ではなくて、金光教祖の御教《みおしえ》に背《そむ》いているものなのです。だからそんな御賽銭《おさいせん》を神様は受《う》け給《たま》うはずはないから、中途《ちゅうと》に立った人間《にんげん》が横取《よこど》りをする、そして管長派《かんちょうは》や副管長派《ふくかんちょうは》がその賽銭《さいせん》の奪《うば》い合《あい》をして修羅場《しゅらじょう》を現出《げんしゅつ》するような事《こと》も始《はじ》まるのであります。

すべての善《よ》き宗教《しゅうきょう》は、この「既《すで》に救《すく》われている」「既《すで》に神徳《しんとく》の中《なか》に生《い》かされている」「現《げん》に今天国浄土《いまてんごくじょうど》にいる」「既《すで》に人間《にんげん》は神の子、仏子《ぶっし》である」という自覚《じかく》を与えるものなのであります。本願寺《ほんがんじ》という極楽浄土《ごくらくじょうど》の切符売《きっぷうり》場《ば》へ数《すう》百円《えん》、数千円を納《おさ》めたら、死んでから極楽浄土へ行《ゆ》けるであろう、今《いま》

管長　仏教各宗派で宗門をとりしきる責任者

修羅場　血なまぐさい戦乱や激しい闘争の行われる場

本願寺　浄土真宗の本山。親鸞の没後、文永九年に京都の東山大谷に御影堂を建立したのが始まり。文明十年に蓮如が山科に再興。慶長七年に東西に分立した

数百円、数千円　昭和初期の一円は現在の二千～三千円に相当する

は極楽浄土《ごくらくじょうど》にいないというような気持《きもち》でいる方《かた》は、イザ死ぬという最後《さいご》のドタン場《ば》になって、自分《じぶん》は五百円本願寺《えんほんがんじ》へ出したが、或《あるい》はまた、自分は本願寺へ五万円《まんえん》出したが、まだあれは自分の持っている全部《ぜんぶ》を仏様《ほとけさま》に献《ささ》げたのではなかった、全部を仏様に献《ささ》げないで、これだけ位《ぐらい》献《ささ》げておいたら極楽《ごくらく》へ行《ゆ》けるであろうというような虫の好《よ》い考えを持っていて、どうもそれは申《もうし》訳《わけ》がなかった、これでは極楽へ行《ゆ》けぬであろう——というような不安後悔《ふあんこうかい》の念《ねん》が起《おこ》るかも知れぬ。それでその不安の結果《けっか》、こんな生前《せいぜん》にお金《かね》を本願寺へ出したような人《ひと》は却《かえ》って地獄《じごく》へ堕《お》ちるかも知れないのであります。（笑声《しょうせい》）

皆《みな》さん、極楽は今在《いまあ》る、ここにある、極楽は仏《ほとけ》と仏《ほとけ》のみの住む処《ところ》である。ここに語る私は仏《ほとけ》であり、それを聴《き》く皆さんも仏《ほとけ》である。既《すで》に私も皆さんも仏《ほとけ》である。（この肉体《にくたい》のことをいっているのではありません。この肉体は仮《か》現《げ》であって実在《じつざい》ではない、実在でないから常《つね》に移《うつ》りかわる。そんなものを自《じ》分自身《ぶんじしん》だと思ってはなりません。肉体の奥《おく》にあるあなたの実相《じっそう》——これこそ本当《ほんとう》のあなた自身《じしん》なのです）この実相《じっそう》が仏《ほとけ》であり、これは移《うつ》りかわらない、今《いま》も未来《みらい》も過去《かこ》も仏《ほとけ》であり、今も未来も過去も仏《ほとけ》である。仏《ほとけ》のみが実在《じつざい》である。仏《ほとけ》のほかに何《なに》もない――これを知ることが仏様《ほとけさま》に全《すべ》てを献《ささ》げたことなのです。仏様《ほとけさま》よりほかに何《なに》もない、現世《げんせ》に生《い》きていようと、来世《らいせ》に往生《おうじょう》しようと、要《よう》するに仏《ほとけ》の世界《せかい》である。この信仰《しんこう》があったら、吾々《われわれ》は臨終《りんじゅう》に不《ふ》安《あん》になったりフラついたりすることはなくなってしまう。いつも大安心《だいあんじん》であって、今も極楽《ごくらく》、死んでからも極楽往生《ごくらくおうじょう》なのであります。

キリスト教《きょう》でも、「天国《てんごく》はここに見よ、彼処《かしこ》に見よといってはない、汝《なんじ》の心の中《なか》にあり」とイエスはいっているのであります。金光教《こんこうきょう》の「おかげは我《わ》が心にあり」、仏教《ぶっきょう》の「三界《がい》は唯心《ゆいしん》の所現《しょげん》である」と同じことを説《と》いているのであります。パウロが、「自分《じぶん》の眼《め》の病《やまい》を治《なお》してほしい」と神に祈《いの》った時《とき》、キリストの霊顕《れいあら》われて「我《わ》が恵《めぐ》み汝《なんじ》に足《た》れり」といっている。「我《わ》が恵《めぐ》み汝《なんじ》に足れり」とは金光教祖《こんこうきょうそ》の「頼《たの》まいでもオカゲはやってある」という

現世　現在生きている世界。この世

来世　死後の世界

往生　極楽浄土に生まれ変わること

大安心　仏教語。仏の教えを学んで得た心の安らぎ

「天国はここに…」『新約聖書』「ルカ伝」第十七章にあるイエスの言葉

パウロ　生没年不詳。キリスト教をローマ帝国に伝えるのに功のあった伝道者。その書簡は『新約聖書』の重要な部分を占める。ローマで殉教したとされる

「我が恵み…」『新約聖書』「コリント後書」第十二章にある、パウロがキリストから示されたという言葉

教《おしえ》と同様《どうよう》なのであります。「既《すで》に恵《めぐ》みは足《た》りている」「既《すで》に汝《なんじ》は治《なお》っている」「既《すで》に汝《なんじ》は完全《かんぜん》である」「既《すで》に汝《なんじ》は神の子である」これがキリストの霊《れい》が言《い》い給《たま》いしところの「我《わ》が恵み汝《なんじ》に足れり」の本当《ほんとう》の意味《いみ》だったのであります。しかしパウロはそれを悟《さと》らずして、「この肉体《にくたい》の故障《こしょう》のあるのも、自分《じぶん》の高慢《こうまん》を砕《くだ》くための肉体の棘《とげ》であって、この棘《とげ》があることが神様《かみさま》の恵みである」と解《かい》したのであります。だからパウロの眼疾《がんしつ》は根治《こんじ》しなかったのであります。このパウロのように、病気《びょうき》があり不幸《ふこう》があるのも神様が吾々《われわれ》を反省《はんせい》せしめ給《たま》うように与《あた》え給《たま》うた神の恵みであるというように考えている敬虔《けいけん》な宗教信者《しゅうきょうしんじゃ》がありますが、神様は人間《にんげん》を罪《つみ》を犯《おか》すように不完全《ふかんぜん》に作《つく》り給《たま》うておいて罪を犯してから人間に不幸や病気を与えて反省を促《うなが》すような不合理《ふごうり》な方《かた》ではないのであります。「我《わ》が恵み汝《なんじ》に足れり」――既《すで》に神様の恵みは足り、既《すで》に吾々《われわれ》は完全に造《つく》られている。既《すで》に吾々《われわれ》は天国浄土《てんごくじょうど》に住んでいる。既《すで》に吾々《われわれ》は健康《けんこう》であり、一切《いっさい》の病苦《びょうく》はない――かくの如《ごと》きが吾々《われわれ》神の子の

根治　完全に病気が治ること

敬虔　うやまいつつしむ気持ちの深いさま

実相《じっそう》であり、本当《ほんとう》の相《すがた》なのであります。これを教《おし》えるのが本当の宗教《しゅうきょう》であり、何等《なんら》かの行事《ぎょうじ》とか報酬《ほうしゅう》とかによってオカゲを与えたり与えなかったりするのはこれは商売取引《しょうばいとりひき》であって、本当の宗教ではないのであります。生長《せいちょう》の家《いえ》では一文《もん》のお賽銭《さいせん》も取らないでいて、ただ聖典《せいてん》を読むということだけによって医術不治《いじゅつふち》の難症《なんしょう》が治《なお》った例《れい》が無数《むすう》に出現《しゅつげん》し、貧乏《びんぼう》が無限《むげん》の供給《きょうきゅう》を受けて運命《うんめい》が好転《こうてん》して来《き》たりする例が多いのは、生長の家こそ既《すで》に汝《なんじ》に満《み》ち足《た》れる神の恵《めぐ》みを自覚《じかく》せしめる結果《けっか》起《おこ》る現象《げんしょう》で、欲《ほ》しい惜《お》しい慾心《よくしん》でする商《しょう》売取引式《ばいとりひきしき》の宗教でない証拠《しょうこ》であります。

第三章　生《い》きて歩む宗教《しゅうきょう》

昭和《しょうわ》十年六月三日の軍人会館《ぐんじんかいかん》に於《お》ける講演《こうえん》は聴衆《ちょうしゅう》一千数百人を容《い》れて尚場外《なおじょうがい》に佇立《ちょりつ》して帰らざる熱狂《ねっきょう》せる聴衆千余《よ》を数《かぞ》え、ついに六月四日講演《こうえん》を再開《さいかい》するを約《やく》さねば群衆《ぐんしゅう》去らず、講演のアンコールという凄《すさま》じい光景《こうけい》を演出《えんしゅつ》したのでありました。これらはその第二日目《だいふつかめ》の講演でありまして、第一日目の講演は教育《きょういく》に関《かん》するもので『生命《せいめい》の實相《じっそう》』全集《ぜんしゅう》第十三巻《かん》に収録《しゅうろく》致《いた》しました。

お忙《いそが》しいところをわざわざおいで頂《いただ》きまして、大変光栄《たいへんこうえい》に存《ぞん》じます。

今日《きょう》おいでの方《かた》の大部分《だいぶぶん》は昨日《さくじつ》場外に溢《あふ》れてお入《はい》りになれなかった方《かた》と思

頭注版㉗三九頁

軍人会館　昭和九年に在郷軍人会の主導により東京の九段に竣工した施設。昭和三十二年に九段会館に改称

佇立　立ち止まっていること。たたずんでいること

全集　昭和十年に光明思想普及会より発行された『生命の實相』全集全二十巻

第十三巻　本全集では第三十九～四十一巻「教育実践篇」

いますから、今日《きょう》の講演《こうえん》は昨日《きのう》の講演の続きというわけでもありませんけれども、中《なか》にはまた昨日《きのう》と今日《きょう》と続けておいでになられた方《かた》もおありのことと思いますので、なるべく重複《ちょうふく》しないようにお話したいと思います。

さて、吾々《われわれ》の住んでいるこの現象世界《げんしょうせかい》、この五官《ごかん》に感《かん》ずることの出来《でき》る現象世界は、要《よう》するに三次元《じげん》の世界《せかい》であって、それは縦《たて》、横《よこ》、高さとこの三《みっ》つのひろがりによって成立《なりた》っている世界なのであります。ところが、ある種《しゅ》類《るい》の虫になると、縦の長さの感覚《かんかく》しかない、横の広がり及《およ》び高さの感覚がないのであります。そういう一次元の世界にだけ棲《す》む虫は、一直線《ちょくせん》に進むということしか知らないから、自分《じぶん》の進行《しんこう》する直線的方向《ちょくせんてきほうこう》以外《いがい》の方向《ほうこう》から、横合《よこあい》から他《た》の虫が這入《はい》って来《く》るとどこからも這入《はい》れるわけがないのに、一体《いったい》どうした事《こと》かと不思議《ふしぎ》がるのであります。又《また》縦と横の世界、即《すなわ》ち平面《へいめん》に住むところの虫というものは、前《まえ》に進めば横にも行《ゆ》く、けれども厚《あつ》みの世界を知らない。それで卵《たまご》を産《う》むと、その卵を一定《いってい》の所《ところ》へちゃんと置いて自分の粘液《ねんえき》でぐるりと圏線《けんせん》を描《えが》いてしきりをしておく。そうすれば自分《じぶん》は勿論《もちろん》その仕切《しきり》の中《なか》には這入《はい》れませんし、自分と同じ他《た》の同種類《どうしゅるい》の虫もその仕切《しきり》を越《こ》えて卵《たまご》をとることは出来《でき》ませんから、もうこれで安全《あんぜん》だと思いこんでしまうのです。ところが又《また》それ以上《いじょう》の次元《ひろがり》に住む人間《にんげん》がやって来《き》て、上《うえ》からその卵を取ってしまう、すると虫は一体《いったい》どこから侵入《しんにゅう》して取って行《い》ったんだろう。ちっとも自分の作っておいた城壁《じょうへき》は壊《こわ》されていないのにと不思議《ふしぎ》がるのです。それは縦《たて》、横《よこ》だけの世界《せかい》しか無《な》いと思っていて、まだこの上《うえ》には厚《あつ》みの世界もあるのだということを知らないからであります。ところが吾々《われわれ》は高さも幅《はば》も長さもある縦、横、厚みの三《みっ》つのひろがりで成《な》っている世界に住んでいる。けれどもこれ以上の世界が無《な》いということは断言出来《だんげんでき》ない。現《げん》に高等《こうとう》数学《すうがく》では、まだこの上《うえ》に、四次元《じげん》、五次元、六次元、また七次元というふうに実《じつ》に無数のひろがりをもつ世界があるということを推定《すいてい》しているのであります。つまり吾々《われわれ》は立方形《りっぽうけい》の賽《さい》の目《め》の世界にこれ以上の次元の世界はないと

圏線　ある範囲をぐるりと囲んだ線

賽の目　さいころの六つの面

思って住んでいる。ところがこの世界以上《せかいいじょう》に、立体《りったい》の世界が平面《へいめん》の世界を引《ひき》包《つつ》んで存在《そんざい》し得《う》るように、この縦《たて》、横《よこ》、高さの立体世界《りったいせかい》をひき包んでしまうところのもう一《ひと》つ上《うえ》の次元《じげん》の世界があるということも推測《すいそく》し得《う》るのであります。

一直線《ちょくせん》の一次元《じげん》の世界に住む虫は、進むことしか知らないで、自分達《じぶんたち》の世界の上《うえ》にはまだ平面の世界があるということが分《わか》らない。平面の世界に住むものは、縦、横の世界だけをありと思って、先刻《さっき》話しました卵《たまご》の例《れい》でも分《わか》るように立体の世界のあることは想像《そうぞう》も及《およ》ばない。それと同じことで吾々《われわれ》は吾々《われわれ》でまたこの立体世界以上の世界、吾々《われわれ》の三次元の世界を引包《ひきつつ》んでいるところのそれ以上の世界があることが分《わか》らないのであります。それで、その目に見えない高次元《こうじげん》の世界から、縦と横と厚《あつ》み以上の世界から手をつき出して仮《かり》にこの懐中時計《かいちゅうどけい》なら懐中時計を持って行《ゆ》かれると、どうも不思議《ふしぎ》だな、どこにも出口《でぐち》がないのになくなった、不思議だなと思う。生長《せいちょう》の家《いえ》で病気《びょうき》

懐中時計　ふところやポケットに入れて携帯する小型の時計

が治《なお》るということもこれと同じことで、三次元《じげん》のこの感覚世界《かんかくせかい》ではどんな操《そう》作《さ》も処置《しょち》も行《おこな》わないのに、もっと高次元《こうじげん》の世界《せかい》から処置されて治《なお》るらしいことも時々起《ときどきおこ》るのであります。最近《さいきん》にもこういうことがありました。それはここに手紙《てがみ》を寄越《よこ》しておられる小野真徳《おのしんとく》さんといわれるお医者《いしゃ》さんに起《おこ》ったことで、この手紙にもその事情《じじょう》が書いてあるのでありますが、その小野さんが一昨日《さくじつ》私を訪《たず》ねて来《こ》られたのであります。この小野さんは外科《げか》、皮膚科《ひふか》、性病科《せいびょうか》の専門医《せんもんい》でいられるのですが、このお医者さんはひどい近視《きんし》と乱視《らんし》とで、眼鏡《めがね》を、近眼鏡《きんがんきょう》と乱視鏡《らんしきょう》と二つ二重《ふたじゅう》にかけて、それでやっと四号活字《ごうかつじ》で印刷《いんさつ》したカルテが読める位《くらい》だという誠《まこと》に不便《ふべん》な眼《め》であられたのであります。この方《かた》が新聞広告《しんぶんこうこく》か何《なに》かで生長《せいちょう》の家《いえ》を知り、その生長の家の『生命《せいめい》の實相《じっそう》』を一《ひと》つ買ってやろうという気になられて、申込《もうしこ》んで来《こ》られたのでありました。さて、小野さんのところに二、三日《にち》して『生命《せいめい》の實相《じっそう》』――全集《ぜんしゅう》でなくて、革表紙《かわびょうし》の方《ほう》です――が到著《とうちゃく》した。さあその本を披《ひら》いてごらんにな

四号活字　約五ミリ四方の大きさに入る活字

カルテ　Karte　ドイツ語。医師が患者ごとに作成する診療記録

革表紙　昭和七年一月刊。創刊後二年分の『生長の家』誌の内容を結集した最初の『生命の實相』を指す

ると、六号活字《ごうかつじ》の、しかも、それに総振仮名附《そうふりがなつき》という、細《こまか》い細《こまか》い活字《かつじ》で印刷《いんさつ》してある。何《なん》じゃ、こんな小さい活字で印刷して！　もっと大きい活字を使えば好《よ》いのに！　こんな小さい活字は余程《よほど》眼《め》のよい人《ひと》でないと読めやしない。そうしたら眼《め》の悪いもんは読めぬから救《すく》われんということになるじゃないか、気がきかない話だ、と思われて、そのまま、ポンと蓋《ふた》をして机《つくえ》の抽出《ひきだし》へしまってしまわれた。それから一週間《しゅうかん》ばかりたった或日《あるひ》、何《なに》かのついでに机をあけて『生命《せいめい》の實相《じっそう》』を手にとって、何心《なにごころ》なく披《ひら》いてみられると、不思議《ふしぎ》なことにちゃんと読めるのです。今迄《いままで》四号活字でも、あんな大文字《おおもじ》でさえも読みづらかった小野《おの》さんなのに、それがいつの間《ま》にか、細《こまか》い六号活字がはっきり読めるようになっていたというのです。生長《せいちょう》の家《いえ》では本を読んで悟《さと》りを開《ひら》いたら、その悟りの現《あらわ》れで自分《じぶん》の環境《かんきょう》が変化《へんか》し、病気《びょうき》は快《よ》くなり家庭《かてい》が円満《えんまん》になるというのですが、こいつは又変《またかわ》っている。私の本を読んで悟ったから治《なお》ったのではなく、本が着《つ》いてそれを抽出《ひきだし》に入《い》れておいて読む

六号活字　約三ミリ四方に入る大きさの活字

何心なく　何気なく

迄《まで》に治《なお》ってしまっているのです。ですから、これは私が小野《おの》さんの乱視《らんし》を治《なお》してあげたのではない。最初《さいしょ》こんな小さい活字《かつじ》がと思って読もうともせずにしまってしまった聖典《せいてん》を一週間後《しゅうかんご》披《ひら》いて見たら、知らない間《ま》に読めるようになっていた。どうしてそんなことがあり得《う》るのか、どうしてそんなことになったのか。それは人間《にんげん》の常識《じょうしき》では解《わか》らないことではありますけれども、実際《じっさい》の話なのであります。そして小野さん自身《じしん》が一昨日《さくじつ》私の宅《たく》へ来《こ》られて、本部《ほんぶ》の修行者《しゅぎょうしゃ》六、七十人《にん》の方《かた》の前《まえ》で自《みずか》ら話されたことでありまして、この中《なか》にも二十人位《くらい》は小野さんの話を聞かれた方《かた》がおられるだろうと思います。

小野さんは中々良心《なかなかりょうしん》のはっきりした人《ひと》で、医者《いしゃ》でいられながら薬《くすり》は無効果《むこうか》なもので、薬が病気《びょうき》を治《なお》すのではないということを告白《こくはく》せられた。この方《かた》は乱視がなおられただけではなく薬で治《なお》らなかった十年間《ねんかん》の神経痛《しんけいつう》が『生命《せいめい》の實相《じっそう》』を読んでいる中《うち》にすっかり治《なお》ってしまわれたのであります。十年間、御《ご》自身《じしん》が医者でありますから薬物療法《やくぶつりょうほう》としては出来《でき》る限《かぎ》りの手を尽《つく》されたでありましょうに、治《なお》らなかった神経痛《しんけいつう》が聖典《せいてん》を読むに従《したが》ってよくなられたのでありました。そして今迄《いままで》の医術《いじゅつ》は頼《たの》むにたりないということをますます痛《つう》感《かん》されたのであります。今迄《いままで》でも薬《くすり》が効《き》かないということはよく知っていたけれども、『生命《せいめい》の實相《じっそう》』を読んでから考えられるのにその頼むにたりないところの薬を、いかにも効《き》くかの如《ごと》く患者《かんじゃ》に与えて生活《せいかつ》して行《ゆ》くということは、人《ひと》を欺《あざむ》いているような気がする、何《なん》だか、そんなことをするのは良心《りょうしん》に恥《は》じる、といって来《こ》られたのでありました。そして、とてもこの職業《しょくぎょう》を続けて行《ゆ》く気がしないから、今後《こんご》いかにしたらいいかと私に相談《そうだん》されたのであります。この方《かた》のお考えは、今急《いまきゅう》に医者《いしゃ》をやめてしまったら生活がたたない。といって今迄《いままで》のようにしていることは出来《でき》ないから、生活のために生《せい》命保険会社《めいほけんがいしゃ》へ入《はい》って保険《ほけん》の審査医《しんさい》になろうと思う。そして病気《びょうき》を治《なお》さない医者、診断《しんだん》を与えるだけの医者になって、その余暇《よか》は生長《せいちょう》の家《いえ》の人類光明化《じんるいこうみょうか》運動《うんどう》に献身《けんしん》したいと思う、とこういわれるのです。中々変《なかなかかわ》った良心的《りょうしんてき》な医

審査医　診査医。生命保険に加入の際に申込者の健康状態を診察する医師

人類光明化運動　著者が生長の家立教の使命とするもの。完全円満な「神の子」としての実相が顕現し、すべての人を光明化するという目的を持った宗教運動

者であります。本を読んで心が一変《いっぺん》してそして病気《びょうき》が治《なお》ったというのなら不《ふ》思議《しぎ》はありませんが、このように読む迄《まで》に既《すで》に治《なお》ってしまっているという不思議がある。これこそ人《ひと》が「生長《せいちょう》の家《いえ》」を目《もく》して宗教《しゅうきょう》として不思議に思い、奇蹟視《きせきし》する所以《ゆえん》であります。心が変《かわ》って病気が治《なお》るのは明《あきら》かなことであって奇蹟《きせき》でもない、不思議でもない、むしろ当《あた》り前《まえ》のことであります。心が頑固《がんこ》になって怒《おこ》れば動脈《どうみゃく》が硬化《こうか》し、揚句《あげく》の果《はて》は、脳溢血《のういっけつ》で斃《たお》れてしまうというのは不思議でも何《なん》でもない、或《ある》いは悲歎《ひたん》にくれたり、心配《しんぱい》したりして心《しん》臓《ぞう》をおさえつけていると終《しま》いには心臓病《しんぞうびょう》を起《おこ》してしまうというのは当然《とうぜん》のことであります。それが、聖典《せいてん》を読むことによって暗くとざされた心が啓《ひら》けて、それと同時《どうじ》に心臓病が治《なお》るということも不思議ではありません。ところが、読むより先《さき》に、心が変《かわ》るより先に治《なお》ってしまったという。ここがちょっと不思議に感じられるところですが、実《じつ》は不思議ではない。それを不思議だと思うのは、吾々《われわれ》が三次元《じげん》の世界《せかい》にあって、五官《ごかん》に感じられる、縦《たて》、横《よこ》、厚《あつ》

目する　そうであると認める。評価する

脳溢血　脳の血管が破れ、脳内に血液が溢れ出る疾患

みの世界《せかい》しか分《わか》らないという吾々《われわれ》の感覚《かんかく》の低能《ていのう》さを現《あらわ》しているにすぎないのであります。三次元《じげん》以上《いじょう》の四次元、五次元の世界は吾々《われわれ》の感覚で感《かん》じることは出来《でき》ないけれどもあることは事実《じじつ》であります。吾々《われわれ》のこの三次元の世界に、それ以上《いじょう》の世界からの干渉《かんしょう》があるのは事実であります。自分《じぶん》は何《なん》の心《しん》境《きょう》も変化《へんか》しないにもかかわらず、本が到著《とうちゃく》してまだ読みもしないで放《ほ》っておいたその間《あいだ》に治《なお》ってしまったというのは、四次元の世界から眼《め》に見えない医者《いしゃ》がやって来《き》て、治《なお》してくれたとしか考えられないのであります。

　ともかく、宗教《しゅうきょう》というものは人間《にんげん》が計画《けいかく》して拵《こしら》えようと思って出来るものではないのであります。神仏耶《しんぶつや》の三宗教を合同《ごうどう》してやろうと考えても計画《けいかく》的《てき》にそれは出来るものではないのであります。宗教を創《つく》ったらきっと金儲《かねもう》けになるだろうとそんな気持《きもち》から創《はじ》めたら人類光明化《じんるいこうみょうか》も出来はしないし、病気《びょうき》も治《なお》りはしない。宗教というものは吾々《われわれ》人間の世界に、眼《め》に見えない世界からの協力《きょうりょく》があってそこに人間業《にんげんわざ》以上《いじょう》の働《はたら》きが加わって、人間力《にんげんりょく》ならぬ人類

低能　能力が低いこと

の光明化《こうみょうか》運動《うんどう》が起《おこ》されたのが宗教《しゅうきょう》であります。

今朝《けさ》も私の家《いえ》へ一升徳利《しょうどくり》を下《さ》げて来《こ》られた方《かた》がありました。その中《なか》には酒ではない醤油《しょうゆ》がはいっているのです。その方《かた》は鈴木武治《すずきたけじ》さんといってアメリカにおられた時《とき》にはクリスチャン・サイエンスを研究《けんきゅう》され、一燈園《いっとうえん》に私淑《ししゅく》して托鉢《たくはつ》をせられたこともあるし、仏教《ぶっきょう》にも造詣《ぞうけい》の深い方《かた》でありまして、大阪商事《おおさかしょうじ》の監査役《かんさやく》をしておられた上田源三郎氏《うえだげんざぶろうし》と懇親《こんしん》の間柄《あいだがら》で満洲《まんしゅう》の或《あ》る会社《かいしゃ》の支配人《しはいにん》をしていられるのであります。一月《ひとつき》ばかり前《まえ》のこと、上田さんが私の家《いえ》へつれて来《こ》られて私に紹介《しょうかい》されたのでありました。その時この方《かた》は一燈園《いっとうえん》の西田《にしだ》さんをよく知っておられて、経済托鉢生活《けいざいたくはつせいかつ》をやっていられる偉《えら》い方《かた》だと上田さんは紹介されました。その鈴木さんのお隣《となり》りに広い六千坪《つぼ》からの庭園《ていえん》を持っている大邸宅《だいていたく》があります。由緒《ゆいしょ》あるお家《いえ》で、そこの御主人《ごしゅじん》が最近《さいきん》亡《な》くなられて今《いま》は未亡人《みぼうじん》と召使《めしつかい》とだけがその広い邸宅《ていたく》にくらしておられるのですが、或《ある》日《ひ》のこと鈴木さんが縁側《えんがわ》に出ておられると隣家《りんか》の

一升徳利　一升（約一・八リットル）入るとっくり

クリスチャン・サイエンス　Christian Science　一八六六年にボストン市に設立されたキリスト教団体。罪・病気・悪はすべて本来ないと教えている。創始者はメリー・ベーカー・エディ。機関紙『クリスチャン・サイエンス・モニター』は世界的評価が高い

一燈園　明治三十八年に西田天香が京都に創立した修養団体。本全集第七巻「生命篇」下巻第十三章、第三十二巻「自伝篇」中巻等参照

私淑　尊敬する人をひそかに師と仰ぐこと

托鉢　鉢を持って各戸をまわり、米や金銭などの施しを受ける修行

造詣　その分野についての広い知識や深い理解

園丁《えんてい》に雇《やと》われているらしい一人《ひとり》のよぼよぼの老人《ろうじん》が、誠《まこと》に憐《あわ》れな姿《すがた》で庭の草を毟《むし》っているのが見えたのであります。鈴木《すずき》さんが覗《のぞ》いて御覧《ごらん》になるといかにも憐《あわ》れな姿に見えるので、見るに見かねて同情《どうじょう》のあまり、こんなところから這入《はい》ったら家宅侵入罪《かたくしんにゅうざい》ということになるかも知れないけれども、見ているとても気《き》の毒《どく》だというので、「私にも、どうぞ一緒《いっしょ》に草をひかして下《くだ》さい」といって、垣根《かきね》を越《こ》して隣《とな》りの家《いえ》の庭に這入《はい》り、老人の草とりを手伝《てつだ》ってやられたのであります。それからしばらくして或日《あるひ》のこと、その窶《やつ》れたお爺《じい》さんが、跛《ちんば》になってもう一《ひと》つ窶《やつ》れて、顔《かお》は皺《しわ》み、よぼよぼに躄《いざ》るようにして辛《かろ》うじて道《みち》をやって来《く》るのに逢《あ》われたのです。「一体《いったい》どうしたんだ」と鈴木さんが訊《き》かれると、「私もとうとう馘《くび》になることになりました」というのです。「体《からだ》がこんなに悪くなって働《はたら》けないので、到頭《とうとう》お邸《やしき》を馘《くび》になりました。身許保証《みもとほしょう》をしてくれる人《ひと》があれば置いてやるとも申《もう》されますが、身許《みもと》保証《ほしょう》をしてくれる人もないし、馘《くび》にされたら、もう行《ゆ》く所《ところ》がないのです」

懇親　特に親しくしていること
満洲　中国大陸の東北地方一帯。昭和七年、日本はこの地に、五族共和（満洲族・漢族・モンゴル族・ウイグル族・チベット族）を理念として満洲国を建国した
西田さん　西田天香。明治五～昭和四十三年。本名は市太郎。長浜八幡神社境内の愛染堂で断食坐禅中、宗教的悟りを得る。その後、一燈園を創始した。本全集第七巻「生命篇」下巻、第三十二巻「自伝篇」中巻等参照
園丁　庭師
跛　片足が悪くて歩けないこと。びっこ
躄る　座ったままで移動すること

と、こう誠《まこと》に哀《あわ》れっぽい疲《つか》れ切《き》った様子《ようす》をしていうので、鈴木《すずき》さんは可哀相《かわいそう》になられて、「じゃとにかく家《うち》へ来《き》なさい」といって爺《じい》さんを自分《じぶん》の家《いえ》へ引っぱりあげられた。お爺《じい》さんはほとんど歩けないような恰好《かっこう》で、這《は》うようにして玄関《げんかん》から座敷《ざしき》へ通《とお》った。鈴木さんはちょうどその日《ひ》はどこかへ出かける予定《よてい》の道《みち》すがらで、もう五分間《ふんかん》もしたら又《また》出かけなければならなかったのですが、それ迄《まで》の間《あいだ》ちょっと「体《からだ》の悪いのを治《なお》るか、治《なお》らぬか、祈《いの》ってあげよう」といって座敷《ざしき》に爺《じい》さんをあげられた。ところがお爺《じい》さんは坐《すわ》れないんです。足が曲《まが》らない、仕方《しかた》がないから足を前《まえ》に出して坐《すわ》らせたのですが、鈴木さんが爺《じい》さんの前に坐って手を按《あ》ててやろうと思われても前に足をつき出してるのですから、前からは手が届《とど》かない。仕方がないのでお爺《じい》さんの後《うしろ》に廻《まわ》って頭《あたま》に手をふれて、「人間《にんげん》は本来《ほんらい》神の子である。神の子に病気《びょうき》はない」と念《ねん》じられた。鈴木さんはそれで爺《じい》さんが治《なお》るとも治《なお》らないとも考えられなかったし、治《なお》せるなどという自信《じしん》は勿論《もちろん》なかったのですけれども、ともかく五

道すがら　道の途中で

分間《ふんかん》だけそうして念《ねん》じさせて頂《いただ》いて「今日《きょう》は私がもう出かけなければならないからこれで止《や》めておこう。又明日《またあす》来《き》なさい。あんたの身許《みもと》のひきうけは私がしてあげる」といって手を離《はな》されると、今迄《いままで》よぼよぼで立てない程《ほど》だった爺《じい》さんがすーッと立《た》ち上《あが》って、しゃんしゃん歩き出したので、鈴木《すずき》さんの方《ほう》がびっくりしてしまった。爺《じい》さんは大喜《おおよろこ》びです。この鈴木さんのお家《うち》には、二十二、三歳《さい》になる姪御《めいご》さんがおられるのですが、この方《かた》は中々《なかなか》のインテリ女性《じょせい》で近頃《ちかごろ》鈴木さんが生長《せいちょう》の家《いえ》に熱心《ねっしん》になって聖経《せいきょう》『甘露《かんろ》の法雨《ほうう》』などをあげておられると、「伯父《おじ》さん陽気《ようき》の加減《かげん》で少し頭が変《へん》になったようね」などといって冷《ひや》かしておられた位《くらい》でしたが、この姪御《めいご》さんは、伯父《おじ》さんがたった五分間《ふんかん》思念《しねん》しただけで、この爺《じい》さんがぴんぴん達者《たっしゃ》になって何《なん》にもつかまらないでサッサと歩くようになった様子《ようす》を目撃《もくげき》してびっくりしてしまわれたのでした。匍《は》うようにしてやっと座敷《ざしき》まで上《あが》った爺《じい》さんが、帰る時《とき》には当《あた》り前《まえ》の人《ひと》のようにしゃんしゃんと歩いて帰ったのであります。二、三日《にち》

インテリ　インテリゲンチャの略。学問や教養のある人。知識人

聖経『甘露の法雨』　昭和五年に著者が霊感によって一気に書き上げた五〇五行に及ぶ長詩。『甘露の法雨』の読誦により、今日に至るまで無数の奇蹟が現出している

すると鈴木《すずき》さんのお家《うち》に元気《げんき》になった爺《じい》さんがやって来《き》て、どれ位《くらい》かはしらないけれどもとにかく金《かね》を包《つつ》んだ紙を持って来《き》て「これは僅《わず》かばかりですけれども、自分《じぶん》の志《こころざし》です。どうぞ御受《おう》け下《くだ》さい。お蔭様《かげさま》で救《すく》われました」といって、鈴木さんにその包みを渡《わた》して帰ろうとしたのです。「いや、飛んでもない話だ、こんなものは決して受取《うけと》れない。お礼《れい》に私が金《かね》を貰《もら》うような気では病気《びょうき》は治《なお》らない。あんたの病気は私が治《なお》してあげたのではない。生長《せいちょう》の家《いえ》の神様《かみさま》が治《なお》されたんで私がお礼を貰《もら》うという筋合《すじあ》いはないいんだから」といって、鈴木さんがそれを押返《おしかえ》されたのです。爺《じい》さんは已《や》むを得《え》ず持って来《き》た金包《かねづつ》みを持って帰っていったのでありました。「もう決《けっ》して持って来《く》ることはならんぞ」と鈴木さんは固《かた》くいっておかれたのですが、昨日《きのう》の晩《ばん》鈴木さんが私の講演《こうえん》を聞きに来《こ》られている留守《るす》の間《あいだ》に今度《こんど》は一升徳利《しょうどくり》を置いて帰った。それが先刻《さっき》話しました鈴木さんが私宅《わたしたく》へ持って来《こ》られた醤油《しょうゆ》の一升徳《しょうどく》利《り》なのであります。老人《ろうじん》にしてみればあまり有難《ありがた》くてどうにもこうにもお礼をせずにはいられなかったのでありましょう、満腔《まんこう》のお礼心《れいごころ》を一升《しょう》の醬油《しょうゆ》に托《たく》して持って来《き》たのでありました。しかし鈴木《すずき》さんは「自分《じぶん》が治《なお》したのではないから自分がそのお礼《れい》を受ける事《こと》は出来《でき》ない。仕方《しかた》がないから先生《せんせい》の許《ところ》へ持って来《き》ました」といって今朝《けさ》私のところへ置いて帰られたのでありますが、しかしこれは光明思想《こうみょうしそう》という無形《むけい》のものがお爺《じい》さんを治《なお》したので、私がお爺《じい》さんを治《なお》したのでもありませんから、私もそのお醬油《しょうゆ》を持って来《こ》られて今度《ど》はそれをどこへ持って行《ゆ》くべきかと困《こま》っているのであります。（笑声《しょうせい》）

はじめから計画《けいかく》して、病気《びょうき》を治《なお》して金儲《かねもう》けをしてやろうと、こんな考えで宗教《しゅうきょう》を拵《こしら》えて教《おしえ》を始めても、この話のように決《けっ》して病気治《びょうきなお》しも出来るものではありません。どの宗教も決して教祖《きょうそ》が計画的《けいかくてき》にこしらえたものではない。キリストも一《ひと》つ宗教を拵《こしら》えてやろうと計画的に家出《いえで》をしてヨルダン河《がわ》で洗礼《せんれい》を受けたのではなかった。釈迦《しゃか》も一つ宗教を拵《こしら》えてやろうと計画して王《おう》宮《きゅう》を飛び出したのではない。生《い》きているものはすべて、生存《せいぞん》の苦《く》を受けなけ

満腔 満身　からだ全体。

ればならない、死ななければならない、老《お》いなければならない、病《や》まなければならない、という生老病死《しょうろうびょうし》の四苦《く》を如何《いか》にして逃《のが》れようかと日夜悩《にちやなや》みぬいた果《はて》にただその四苦《く》から救《すく》われたいと思って自分の救いのために王宮《おうきゅう》を脱《のが》れ出《で》たのであったのです。天理教《てんりきょう》にしても、大きいお宮《みや》を建《た》てたりしてお金《かね》を儲《もう》けたりしようと、始《はじ》めから計画《けいかく》してはじめたのではない、天理教祖《てんりきょうそ》の中山《なかやま》みき子さんは一《ひと》つ宗　教《しゅうきょう》を始《はじ》めて病気治《びょうきなお》しをして信者《しんじゃ》からお金《かね》を捲上《まきあ》げようなんて考えて、天理教をはじめたのではなかった。ただあの人《ひと》には誠《まこと》があった。信神《しんじん》ごころが深かった、それで神様《かみさま》が霊界《れいかい》から、眼《め》に見えない四次《じ》元《げん》、五次元の世界《せかい》から手伝《てつだ》って、無学文盲《むがくもんもう》のおみき婆《ばあ》さんをしてあれだけのえらいことをいわしめられたのであります。現在《げんざい》の天理教のよい、悪いは別《べつ》問題《もんだい》として、教祖《きょうそ》のはじめられた教《おしえ》は実《じつ》に立派《りっぱ》なものなのであります。決《けっ》して計画してあしてこうしてと思って創《つく》り出《だ》したのとは異《ちが》う。ただ一個《こ》の中山みき子に宿《やど》る誠《まこと》が天地《てんち》に遍満《へんまん》する誠《まこと》とふれ合って、それがぴったり一つに

天理教祖　中山みき（みき子）。寛政十～明治二十年。奈良県生まれ。庄屋の妻だったが、四十一歳の時に神憑りとなり天理教を創始

無学文盲　学問や知識がなく、文字が読めないこと

遍満　あまねく満ちわたっていること

なって、高次元《こうじげん》の世界《せかい》の神様《かみさま》に助けられてそこに人間《にんげん》ならぬ智慧《ちえ》の言葉がお筆先《ふでさき》となって流出《ながれで》たのであります。

すべて善《よ》き宗教《しゅうきょう》は、教祖《きょうそ》が教団《きょうだん》をこしらえようと計画《けいかく》して始《はじ》めた教《おしえ》ではなかった。最初《さいしょ》は大抵《たいてい》、普通《ふつう》の常識《じょうしき》を超《こ》えたことをいうものだから皆《みな》気が狂《くる》ったのかと思ったけれど本人《ほんにん》は気が狂ったのでも何《なん》でもない。その至誠《しせい》が高次元《こうじげん》の世界《せかい》の神様《かみさま》に感応《かんのう》してそこに神さまからの教《おしえ》がひらかれたのであります。最初は教祖の至誠の教《おしえ》でありましたが、次第《しだい》に教《おしえ》を継《つ》いだ宣教者《せんきょうしゃ》が、人間知恵《にんげんちえ》を以《もっ》て計画的《けいかくてき》に教義《きょうぎ》を拵《こしら》え無理《むり》に教勢《きょうせい》を拡張《かくちょう》しようとしたので躓《つまず》いたのであります。

どの宗教でもそれが真《しん》に宗教である限《かぎ》りに於《お》いてこの感覚《かんかく》の肉体的存在《にくたいてきそんざい》であるところの人間から出た教《おしえ》ではない。だから、その教《おしえ》は感覚の世界にだけ住んでいる人《ひと》には中々《なかなか》その神髄《しんずい》が分《わか》りにくいのであります。けれども、どの教《おしえ》でもよく味《あじわ》ってみると、いやしくも、或《あ》る程度《ていど》まで良《よ》き宗教だとして弘《ひろ》ま

至誠　きわめて誠実なこと。まごころ

感応　心が感じとりそれに反応すること

神髄　最も重要で奥深い大切なことがら。「真髄」とも書く

っている宗教《しゅうきょう》である限り、その教《おしえ》の中《なか》に人知《じんち》では到底《とうてい》思いも及《およ》ばない、到底創《つく》り出《だ》すことの出来《でき》ない不思議《ふしぎ》な力《ちから》、不思議な光《ひかり》を見ることが出来るのであります。ちょっと聞くと何《なに》も変《かわ》ったことをいってない、平凡《へいぼん》のようなことがらの中《なか》に不思議な力、無限《むげん》な力が含《ふく》まれている。そしてその力が人《ひと》を導《みちび》くのであります。それは各宗教《かくしゅうきょう》とも同じことです。また仏教《ぶっきょう》にしても、キリスト教《きょう》にしても、天理教《てんりきょう》、金光教《こんこうきょう》、黒住教《くろずみきょう》にしても、よく味《あじわ》ってみると、本当《ほんとう》は皆一致《みないっち》している。それだのに表面《ひょうめん》はいろいろと異《ことな》って現《あら》われているのは、西洋人《せいようじん》と日本人《にっぽんじん》の服装《ふくそう》が違《ちが》い、支那人《しなじん》と日本人の着物《きもの》が異《ちが》うというのと同じことで、根本《こんぽん》は一《ひと》つだのに、その事《こと》を知らないで、現《あらわ》れだけを見てあいつは洋服が異《ちが》うからにせ物だ、こいつは着物が異《ちが》うから本当の教《おしえ》ではないと互《たが》いに排撃《はいげき》しあっているので、これでは本当ではないのであります。それでは一体《いったい》どういう点《てん》が、どういう説《と》き方《かた》が一致しているかといいますと、「人間《にんげん》は神の子である、仏子《ぶっし》である」ということの一点であります。この神髄《しんずい》であ

黒住教　教派神道の一つ。文化十一年、黒住宗忠により創始された

支那人　中国人の旧称。「支那」は、中国大陸で生起した政治・経済・文化・歴史等の総称

排撃　非難や攻撃をして退けること

ります。各宗《かくしゅう》とも神髄《しんずい》は「人《ひと》は神の子であり、仏子《ぶっし》である」という一点《てん》に於《お》いて共通《きょうつう》しているのであります。けれども、この神の子のたて方《かた》にいろいろある。というのは多くの人に悟《さと》らせるために、その時代《じだい》や人々《ひとびと》の素養《そよう》に従《したが》って人間《にんげん》は神の子であるということの説《と》き方《かた》が異《ちが》って来《く》るのです。そして或《あ》る場合《ばあい》には徐々《じょじょ》に「神の子」になるというように説くかと思うと、或《あ》る場合にはそのままで神の子であるというように説く。或《あ》る場合には罪悪《ざいあく》というものを強調《きょうちょう》して、それを祓《はら》わなければ神の子になれないと説く、或《あ》る場合は罪悪本来《ほんらい》ないと説くといったように、神様《かみさま》が高次元世界《こうじげんせかい》から、一人一人《ひとりひとり》の教祖《きょうそ》を通《つう》じて時代、環境《かんきょう》に従い、弘法《ぐほう》の対象《たいしょう》たる人間の教養風俗《きょうようふうぞく》などに適《てき》するように、いろいろの方面《ほうめん》から説かれるのであって、教《おしえ》によってその説き方が異《ことな》るからといって、根本《こんぽん》から異《ことな》っているものでは決《けっ》してない。神髄は一《ひと》つであります。

キリスト教《きょう》のバイブルに「生命《せいめい》を得《え》んと欲《ほっ》するものはこれを失《うしな》い、生命《せいめい》を

素養　普段の勉学や修養で身につけた教養や技能

弘法　仏教語。教えを世にひろめること

バイブル　Bible　聖書のこと

「生命を得んと…」『新約聖書』「マタイ伝」第十章にあるキリストの言葉

捐《す》つる者《もの》は却《かえ》ってこれを得《う》る」という聖句《せいく》がありますが、この言葉を表面《ひょうめん》に現《あら》われた字句《じく》のまま解釈《かいしゃく》しようとして、吾々《われわれ》の感覚知《かんかくち》だけを以《もっ》て解釈して行《ゆ》くと「生命《せいめい》を得《え》んとするものは生命《せいめい》を失い、生命《せいめい》をすつるものは生命《せいめい》を得《う》る」なんて不合理《ふごうり》なことがあるものか、捨《す》てたら無《な》くなるのは三歳《さい》の童子《どうじ》でも知る、それを捨てたら得《う》るとはこれ何事《なにごと》であるか、その無識《むしき》なること言《ごん》語道断《ごどうだん》であるとでもいって反駁《はんばく》せざるを得《え》なくなる。しかしそう反駁《はんばく》する人《ひと》は要《よう》するに、三次元《じげん》の世界《せかい》だけしか感受《かんじゅ》することが出来《でき》ない、如何《いか》に自分《じぶん》の感覚《かんかく》が低能《ていのう》であるかということを現《あら》わしているに過《す》ぎないのであります。この「生命《せいめい》を得《え》んと欲《ほっ》する者《もの》は生命《せいめい》を失い……云々《うんぬん》」という聖句を生長《せいちょう》の家《いえ》でいいかえてみると、「肉体《にくたい》にひっかかるな」ということなのであります。自分の肉体を守ろう守ろうと思って肉体にひっかかっていると終《しま》いには生命《せいめい》を失ってしまう。病気《びょうき》に罹《かか》ってもこの病気は重い、この病気を治《なお》そうと、この病気はこの病気はと病気に心がひっかかっていると、いくら治《なお》したいと思

聖句　神聖な言葉。ここでは聖書の中の言葉を指している

無識　知識や見識がないこと

言語道断　もってのほか

反駁　他人の意見に反論すること

云々　引用文や語句のあとをぼかしたり省略するときに用いる語

っても治《なお》らない。近代人《きんだいじん》はほとんど神経衰弱《しんけいすいじゃく》に罹《かか》っているといわれていますが、この神経衰弱はどこから来《く》るかというと利己主義《りこしゅぎ》から来《く》る。自分《じぶん》の体《からだ》のことばかり考えて、この体《からだ》を如何《いか》にしたら生《い》かすことが出来《でき》るか、如何《いか》にして健康《けんこう》になることが出来るか、「この体《からだ》を、この体《からだ》を」と自分の体《からだ》のことばかし思っているから神経衰弱になってしまうのです。倉《くら》田百三《たひゃくぞう》氏《し》の書かれた『絶対的生活《ぜったいてきせいかつ》』という本の中《なか》に、或人《あるひと》が自分に鼻《はな》があることに気がついた、すると自分の鼻が気にかかり出してとうとう神経衰弱になってしまったという話があります。その人《ひと》がもし鼻なんて本来《ほんらい》ないと悟《さと》ったら治《なお》ってしまうのであります。（笑声《しょうせい》）

その人は、ここに鼻があると思うと、何《なに》か見ようとしても鼻が邪魔《じゃま》になるし、寝《ね》ても覚《さ》めても鼻が気にかかって、鼻、鼻、鼻、とあんまり鼻のことばかし考えている中《うち》にひどい神経衰弱に罹《かか》って強迫観念《きょうはくかんねん》に襲《おそ》われ、ほとんど発狂《はっきょう》せんばかりになったのでありました。これは、鼻だけの話ではない。

神経衰弱　心身過労などを誘因として神経系統の働きが低下し、神経過敏・脱力感・不眠などの症状を呈する疾患。アメリカの医師G・M・ビアードが一八八〇年に初めて用いた用語

倉田百三氏　明治二十四〜昭和十八年。広島県生まれ。劇作家、評論家。肺結核を患いながら一燈園で信仰生活を送る。著書に『出家とその弟子』『愛と認識との出発』等がある。本全集第三十二巻「自伝篇」中巻参照

『絶対的生活』　昭和五年、先進社刊

強迫観念　打ち消そうとしても払いのけることができない不安な気持ち

鼻に限《かぎ》らず、どこにせよ、この肉体《にくたい》を肉体と肉体に執著《しゅうじゃく》していると本《ほん》当《とう》に病気《びょうき》になってしまうのです。生長《せいちょう》の家《いえ》はこの体《からだ》をどうして生《い》かすか、どうして健康《けんこう》にしたらいいのか、「この体《からだ》を」「この体《からだ》を」という心をすてよ、と、こういうのです。「肉体は本来《ほんらい》ない。肉体に執《しゅう》する心を捨《す》てよ」と説《と》くのも要《よう》するに物質《ぶっしつ》にひっかかっていた心をぱっと啓《ひら》いてこの体《からだ》は体《からだ》はと思っていた心を一転《いってん》さして、もっと自由自在《じゆうじざい》な無形《むけい》の相《すがた》の吾《われ》を自覚《じかく》するためなのであります。それで肉体は無《な》いと知れば、無《な》いものにひっかかるという事《こと》はない。この鼻《はな》でも無《な》いと思ったら引っかからない、あると思うから引っかかって神経衰弱《しんけいすいじゃく》になるのであります。それで、人間《にんげん》とは物質的存在《ぶっしつてきそんざい》ではないのだ。霊的実在《れいてきじつざい》であると説くのであります。およそ滅《ほろ》びるものは、はじめから滅びているものである、はじめから生命《せいめい》なきもののみ滅びるのである、生命《せいめい》は滅びるものではない、それを知れ、そして肉体のことについて思《おも》い煩《わずら》うなと説くのであります。「汝《なんじ》ら思《おも》い煩《わずら》うとも生命寸陰《いのちすんいん》も延《の》べ得《え》んや」

「汝ら思い煩う…」『新約聖書』「ルカ伝」第十二章にあるキリストの言葉

寸陰　ごくわずかな時間

とキリストもいっておられるのであります。どの教《おしえ》でも皆《みな》同じであります。肉体《にくたい》を思《おも》い煩《わずら》いすぎるから、世《よ》の中《なか》に医者益々《いしゃますます》多く、薬《くすり》ますます多くして病《びょう》気《き》ますます治《なお》らないという、誠《まこと》に奇妙《きみょう》なことが起《おこ》って来《く》るのであります。医者必《かなら》ずしも悪くはない。しかし庸 医《やぶいしゃ》が人間《にんげん》の心を肉体にひっかからせすぎる為《ため》に、近代人《きんだいじん》の体《からだ》は益々《ますます》弱くなって行《ゆ》く。食物《しょくもつ》のカロリーを一々厳重《いちいちげんじゅう》に計算《けいさん》してそれにヴィタミンBだCだと大《おお》さわぎをして食事《しょくじ》をさせる。その上《うえ》、近頃《ちかごろ》は中々細菌学《なかなかさいきんがく》が発達《はったつ》して来《き》ましたから、殺菌《さっきん》については中々《なかなか》やかましいのです。しかし殺菌をしようとして食物《しょくもつ》を煮沸《しゃふつ》すると黴菌《ばいきん》は殺せるけれども、それによってヴィタミンCはなくなってしまう、といってヴィタミンCを食べようとすると殺菌が出来《でき》ない。「ヴィタミンCを得《え》んと欲《ほっ》せば黴菌《ばいきん》を食《くら》い、黴菌を殺さんと欲《ほっ》せばヴィタミンを失う」（笑声《しょうせい》）というような、誠《まこと》に変《へん》な具合《ぐあい》になってきたのであります。又《また》、栄養研究所《えいようけんきゅうじょ》の佐伯博士《さいはくし》は混《こん》砂白米《しゃはくまい》は腸《ちょう》を悪くするから無砂搗《むしゃつき》の胚芽米《はいがまい》を常 食《じょうしょく》とせよといって推 奨《すいしょう》す

栄養研究所　大正三年、佐伯矩が東京芝区白金に世界初の栄養研究機関を開設した。大正九年に内務省栄養研究所に発展。現在の独立行政法人国立健康・栄養研究所の前身

佐伯博士　佐伯矩（ただす）。明治十九～昭和三十四年。医学博士、栄養学の創始者。「栄養学の父」と呼ばれる

推奨　すぐれた点をほめて、人にすすめること

混砂白米　玄米に砂を混ぜることで研磨力を増して効率的に精白した米。とぐ時に砂を除く必要があった

無砂搗　玄米に砂を混ぜずについた米

る。すると二木博士《ふたきはくし》は玄米《げんまい》に越《こ》した滋養物《じようぶつ》はない、生《い》きた玄米でないと生命《せいめい》はない、生命《せいめい》のない米を食《く》っても粕《かす》であるという。ところがまた近頃《ちかごろ》阪大《はんだい》の片瀬淡教授《かたせたんきょうじゅ》が広島《ひろしま》、岡山辺《おかやまへん》の白米《はくまい》の化粧砂《けしょうずな》の産地《さんち》工場《こうじょう》を視察《しさつ》されて、玄米《げんまい》はマグネシウムが多すぎて人間《にんげん》に害《がい》をなす。よろしく白米にして、化粧砂《けしょうずな》をつけて食《く》えばカルシウムが入《はい》って好《よ》いといって「砂入白米《すないりはくまい》」が最良《さいりょう》であるといって、しきりに宣伝《せんでん》され出《だ》した。吾々《われわれ》が一々《いちいち》医者《いしゃ》の説《せつ》に従《したが》っておったら、一体《いったい》どれが好《よ》いのだかわけが分《わか》らなくなってしまって、アレかコレか、コレかアレかと思《おも》い迷《まよ》って神経衰弱《しんけいすいじゃく》になってしまう。（笑声起《しょうせいおこ》る）胚芽米《はいがまい》より玄米が好《よ》い、いや砂入《すないり》の白米を食べろと、めいめい勝手《かって》に主張《しゅちょう》している、それがいずれも錚々《そうそう》たる権威《けんい》ある医学博士《いがくはくし》の主張なのですから、素人《しろうと》の吾々《われわれ》にはほんとにどれが一等《いっとう》いいのだか分《わか》らない。ですから、そんなことに一々引掛《いちいちひっかか》っていたら、吾々《われわれ》は神経衰弱になるより他《ほか》ないのであります。食《しょく》物《もつ》だけの話ではありません。睡眠時間《すいみんじかん》などでも吾々《われわれ》は八時間《じかん》寝《ね》なければ疲労《ひろう》

二木博士　二木謙三。明治六～昭和四十一年。伝染病を研究し、二木式健康法を提唱した。昭和三十年に文化勲章受章。本全集第三巻八八頁等参照

片瀬淡教授　明治十七～昭和二十三年。病理学者。大阪府立医大、大阪帝国大学教授

化粧砂　白米に混ぜる炭酸カルシウムなどの加工品

錚々たる　多くのものの中で傑出しているさま

は快復《かいふく》さすことが出来《でき》ないと教《おし》えられてそれを信じている人《ひと》は、試験勉強《しけんべんきょう》などのため徹夜《てつや》した翌日《よくじつ》などは、ふらふらになって、少し徹夜を続けると、色《いろ》青褪《あおざ》めて肺病《はいびょう》にでもなってしまうのであります。要《よう》するにこの肉体《にくたい》を、どういうふうにして健康《けんこう》にしたら好《よ》いかと、肉体に心をひっかからせていたら、吾々《われわれ》の生命力《せいめいりょく》は弱くなる一方《いっぽう》なのです。これに反《はん》して、人間《にんげん》は肉体ではない。有限《ゆうげん》な物質的存在《ぶっしつてきそんざい》ではない。無形《むけい》のエナジーである。吾々《われわれ》は大宇宙《だいうちゅう》を創《つく》ったところの大《おお》いなる力《ちから》と一《ひと》つのものだ。あの不思議《ふしぎ》な星雲《せいうん》から太陽系《たいようけい》を生《う》んだところの無限《むげん》のエナジーと一つのものだ。この真理《しんり》を知れ、というのが生長《せいちょう》の家《いえ》の教《おしえ》であります。それを知った時《とき》に、実《じつ》に人間の本体《ほんたい》は雄《ゆう》大《だい》なものであることが分《わか》る。そしてこれ迄《まで》、小さな物質《ぶっしつ》の塊《かたまり》にすぎないと思っていた自分《じぶん》が、宇宙大《うちゅうだい》にひろがって太陽系を生《う》み出《だ》し、大空《おおぞら》に星雲を造《つく》ったところの偉大《いだい》なる力と一つの、生《い》きとし生《い》けるものを生《い》かしているところの無限の生命《せいめい》と一つのものであるという、時間《じかん》、空間《くうかん》を絶《ぜっ》した、実《じつ》に大

エナジー　energy　エネルギー。活動の源となる力

太陽系　銀河系に属し、太陽を中心に運行する天体の集団。地球を含む八惑星、準惑星、衛星、小惑星、彗星、流星、微粒子などで構成

きい偉《おお》きい、譬《たと》えようもなく荘厳《そうごん》な、ひろびろとした自覚《じかく》を得《え》たならば病《びょう》気《き》——だけではない——あらゆる苦悩《くのう》が消尽《しょうじん》して、吾《わ》が行《ゆ》くところとして幸《こう》福《ふく》の実現《じつげん》せざることなき天国浄土《てんごくじょうど》が地上《ちじょう》に涌出《ようしゅつ》することになるのであります。この大自覚《だいじかく》を得《え》させるために出現《しゅつげん》したのが「生長《せいちょう》の家《いえ》」であります。

この大自覚を得《え》られると、無論《むろん》、自己自身《じこじしん》を物質的存在《ぶっしつてきそんざい》だと思わないのですから、心が肉体《にくたい》に引っかからない、その結果神経衰弱《けっかしんけいすいじゃく》の治《なお》られた話にはこういう方《かた》があります。京都《きょうと》に三輪式安臥椅子《みわしきあんがいす》の発売元《はつばいもと》である三輪《みわ》さんという方《かた》があります。この方《かた》がひどい神経衰弱に罹《かか》られて、京都の三聖病院《さんせいびょういん》などにも永《なが》いこと通《かよ》われたのですが一向《いっこう》によくならないで、とうとう京大病院《きょうだいびょういん》の神経科《しんけいか》に、それも厳重《げんじゅう》に看視《かんし》されてほとんど精神病者同様《せいしんびょうしゃどうよう》に監禁《かんきん》されているといった有様《ありさま》で入院《にゅういん》されたのでありました。ちょうど、三輪さんのお家《うち》のお隣《となり》りに京都瓦斯《きょうとガス》の専務《せんむ》でいられる岡善吉《おかぜんきち》さんという方《かた》が住んでおられ

荘厳　重々しくおごそかなこと
消尽　すっかり消滅してしまうこと
涌出　わき出ること
三聖病院　京都市東山区にあった精神科の病院
看視　注意して見守ること
京都瓦斯　明治四十二年設立。昭和二十年に大阪瓦斯株式会社と合併した
岡善吉さん　京都瓦斯の支配人、大阪瓦斯の重役等を歴任。本全集第九巻「聖霊篇」中巻第六章九五頁等参照

た。岡《おか》さんは生長《せいちょう》の家《いえ》の熱心《ねっしん》な誌友《しゆう》で、三輪《みわ》さんの神経衰弱《しんけいすいじゃく》を見かねて三輪さんに生長の家のパンフレットを贈《おく》られたのでした。ところが三輪さんは神経衰弱《しんけいすいじゃく》になってから視力《しりょく》が衰《おとろ》え、何《なん》でも老眼《ろうがん》と乱視《らんし》とかで距離《きょり》によって眼鏡《めがね》を二《ふた》つかけなければ見えなかった。それで、肉眼《にくがん》では四号活字《ごうかつじ》でさえも読めない程《ほど》でしたので、パンフレットのこんな細《こま》かい活字《かつじ》なんか到底《とうてい》読めるものではないと思われたが、それでも眼鏡《めがね》をかけてぼつぼつ読んで行《ゆ》かれると、その中《うち》に心が明るくなって段々《だんだん》字がはっきり見えるようになって来《き》て神経衰弱も大分《だいぶ》よくなって来《こ》られたのでありました。これは一昨年《さくねん》の話でありますが、その月《つき》に、私ははじめて京都《きょうと》の誌友会《しゆうかい》に講演《こうえん》に行《ゆ》くということになっておったのでありました。そのことを三輪さんが知られて谷口先生《たにぐちせんせい》に是非《ぜひ》逢《あ》ってお話を聞きたいと思うから、ちょっと一日《にち》だけ病院《びょういん》を出してくれといって医者《いしゃ》の許可《きょか》を得《え》て、その誌友会に出られることにされた。今迄往来《いままでおうらい》などを歩くと心臓《しんぞう》がどきどきして来《き》てこのまま心悸亢進《しんきこうしん》を起《おこ》してぶっ倒《たお》れてし

誌友会　生長の家信徒が自宅等を提供して開く研鑽会

往来　道路
心悸亢進　心臓の拍動数が異常に増えること。動悸

まいはしないかという恐怖観念《きょうふかんねん》から、とても一人歩《ひとりある》きなどは出来《でき》なかったのですが、その日《ひ》は不思議《ふしぎ》なことにいくら歩いても何《なん》ともないのです。そのまま、すっかり気持《きもち》がよくなって、もう病院《びょういん》へ帰る必要《ひつよう》がなくなってしまわれたのでした。最初《さいしょ》は今日《きょう》一日《にち》と思って出《で》て来《こ》られたのでしたが、そのまま退院《たいいん》してしまわれて、その後毎日《ごまいにち》、当時住吉《とうじすみよし》にあった生長《せいちょう》の家《いえ》の本部《ほんぶ》へ通《かよ》って来《こ》られるようになりました。三輪《みわ》さんはまだ四十五歳位《さいぐらい》であるのにその当時《とうじ》、頭《あたま》の毛は真白《まっしろ》に、痩《や》せ衰《おとろ》えて、顔《かお》は皺《しわ》み、ちょっと見ると七十位《ぐらい》の老人《ろうじん》かと思われる程《ほど》でありました。何《なん》でも三輪さんには七十近くになられる姉《ねえ》さんが一人《ひとり》おられる。その方《かた》と一緒《いっしょ》に街《まち》を歩いていると、人《ひと》が姉《ねえ》さんに向《むか》って「この方《かた》があなたの御主人《ごしゅじん》でいらっしゃいますか」と問うほどに七十歳以上《いじょう》の老人に見えていました。ところが生長の家本部へ通い出されてしばらくすると、真白《まっしろ》だった頭髪《とうはつ》が根元《ねもと》から黒くなって来《き》だしました。それも半《はん》月《つき》もしてその間《あいだ》に黒くなってゆくのなら不思議《ふしぎ》はありませんが、三輪さんの

住吉　「生長の家」草創期は神戸の住吉にあった著者の自宅が本部を兼ねており、また来訪者のための真理研鑽の場としての道場ともなっていた

黒くなり方《かた》は全《まった》く以《もっ》て素晴《すば》らしいのです。昨日《きのう》よりは今日《きょう》と、毎日《まいにち》黒くなったのが気がつく位《くらい》の早さで黒変《こくへん》して来《く》る。尤《もっと》も年齢《ねんれい》以上《いじょう》に老衰《ろうすい》しておられたのですからその恢復《かいふく》の速力《そくりょく》が速いのも不思議《ふしぎ》はないのでありますが、今迄《いままで》「この肉体《にくたい》はどうなるだろう。道《みち》を歩いていてひっくり返るかも知れない。そしてもしそのまま死んでしまったら大変《たいへん》だ」と、こんな肉体にひっかかった考えを持っていられたから道を歩く時《とき》にも不安《ふあん》で心臓《しんぞう》がどきどきして来《き》て、心悸亢進《しんきこうしん》でも起《おこ》してしまいそうで危《あぶな》くて仕方《しかた》がなかったのであります。ところが「肉体は無《な》い」と知って、無《な》い肉体が引っくり返ったって何《なん》じゃと、勇気《ゆうき》を出して街《まち》を歩いてみると何《なん》ともない。それでこの人《ひと》の神経衰弱《しんけいすいじゃく》はそのとき治《なお》ってしまった。キリスト教《きょう》では「肉体について思《おも》い煩《わずら》う勿《なか》れ」という。しかし「肉体は有《あ》る」と思っている間《あいだ》は肉《にく》について思《おも》い煩《わずら》うなといっても思《おも》い煩《わずら》わずにはいられない。そこで、「肉体は無《な》い」と端的《たんてき》に知ることが肝腎《かんじん》なのであります。それを容易《ようい》に端的に把握《はあく》せしむるのが生長《せいちょう》の家《いえ》

端的　はっきりしたさま。的確なさま
肝腎　きわめて大切なこと

であります。

仏教《ぶっきょう》でもこのことを説《と》いています。『維摩経《ゆいまきょう》』には「この身《み》は顚倒《まよい》より生《しょう》ず」と書いてあります。『般若心経《はんにゃしんぎょう》』には「色即是空《しきそくぜくう》」と書いてあります。それだのにいくらお経《きょう》をよんでも救《すく》われない人《ひと》があるというのは、あれは仏《ぶっ》教《きょう》哲学《てつがく》にすぎないのであって、実際生活《じっさいせいかつ》は実際生活だと分離《ぶんり》させていたからでした。「色即是空《しきそくぜくう》の『空《くう》』というのは『無《む》』とは違《ちが》う。有無《うむ》を超越《ちょうえつ》した有《あ》るである。アルとか、ナイとかを超越したアルだ」などと難《むつ》かしく解《かい》するからこの肉体《にくたい》もアルやらナイやら判《わか》らないでフラフラして救われなかったのであります。お釈迦《しゃか》さんの教《おしえ》は誠《まこと》に立派《りっぱ》なものですが、それを仏教哲学としてあまりに複雑《ふくざつ》に考えて「空《くう》」にも色々《いろいろ》の種類《しゅるい》があるなどと理窟《りくつ》ばかり捏《こ》ねて実生活《じっせいかつ》とは全然別《ぜんぜんべつ》に考えていたからお釈迦様《しゃかさま》の教《おしえ》が実生活に生《い》きて来《こ》ないのでした。ところが生長《せいちょう》の家《いえ》では、「色即是空《しきそくぜくう》」を簡単《かんたん》に「物質《ぶっしつ》は無《な》い」とハッキリ截《た》ち断《き》ってしまった。ここに実生活を生《い》かす力《ちから》があるのであり

『維摩経』『維摩詰所説経』の略。在家信者の維摩と釈迦の弟子・文殊菩薩との問答形式

『般若心経』『般若波羅蜜多心経』の略。『大般若経』の精髄を二百六十二文字にまとめた最も短い仏教経典

「色即是空」仏教語。『般若心経』にある言葉。すべての形あるものは仮のものであり本当はないということ

ます。「空《くう》」というのを難《むつ》かしく解《かい》してあるやら無いやら判《わか》らないようにしてしまえば吾々《われわれ》は去就《きょしゅう》に迷《まよ》う。それでは実生活《じっせいかつ》は生《い》きて来《こ》ない。物質《ぶっしつ》は無《な》い、それは心の影《かげ》である。心に従《したが》って如何《いか》ようにも現《あら》われて来《く》ると説《と》くと、実《じつ》に平易《へいい》であり、単純《たんじゅん》であるので、直《ただち》に実践《じっせん》が出来《でき》、実生活の上《うえ》に真理《しんり》を体験《たいけん》するを得《え》せしめたのであります。この万教《ばんきょう》共通《きょうつう》の真理の単純化《たんじゅんか》と実《じっ》践化《せんか》こそ、生長《せいちょう》の家《いえ》の特色《とくしょく》をなしているところでありまして、生活上《せいかつじょう》に色々《いろいろ》の奇蹟《きせき》を顕《あらわ》している理由《りゆう》もここにあるのであります。

その奇蹟は病気《びょうき》が治《なお》るだけではありません。家庭《かてい》が光明化《こうみょうか》し、経済上《けいざいじょう》にもその影響《えいきょう》があらわれて来《く》る、今迄《いままで》狭《せま》い心で「物質はアル」と思ってそれにしがみ附《つ》いていたのに貧《まず》しかったのが、「物質はナイ」と悟《さと》って空無礙《くうむげ》の心になったときに却《かえ》って実相無限《じっそうむげん》の供給《きょうきゅう》が、現実界《げんじつかい》にあらわれて来《き》たという実例《じつれい》はたくさんあります。

去就に迷う　どのように身を処するか迷う

空無礙　妨げがなく自由自在なさま

石橋《いしばし》さんの体験《たいけん》

神戸《こうべ》の石橋貫一《いしばしかんいち》さんという方《かた》は中々《なかなか》たくさんの体験をされて、生長《せいちょう》の家《いえ》の説《と》く真理《しんり》を身《み》を以《も》って実証《じっしょう》しておられる方《かた》でありますので、この方《かた》の体験を今晩《こんばん》は主《しゅ》として話そうと思うのであります。

石橋さんは鍼灸医者《しんきゅういしゃ》でありまして、大分前《だいぶまえ》に和歌山《わかやま》で鍼灸学院《しんきゅうがくいん》という鍼灸の学校《がっこう》を開《ひら》いておられた。何《なん》でもその学校には医学博士《いがくはくし》を二人《ふたり》と看護婦《かんごふ》二人《ふたり》、それに中等学校《ちゅうとうがっこう》の先生《せんせい》を二人《ふたり》ほど雇《やと》って中々立派《なかなかりっぱ》にやっておられたそうであります。そして御自分《ごじぶん》の奥《おく》さんの弟さんをその鍼灸学院の副医院長《ふくいいんちょう》として——患者《かんじゃ》も多勢《おおぜい》あることですから——相当《そうとう》の暮《くら》しをしておられたのでありました。ところがある日《ひ》のこと四十五歳位《さいぐらい》の婦人《ふじん》がやって来《き》て、「院長《いんちょう》さんに是非《ぜひ》お逢《あ》いしたい」といって来たのです。どうあっても、他《た》の人《ひと》ではいかぬ、石橋さん自身《じしん》に用《よう》があるというものですから、あげてお逢《あ》いになって

鍼灸医者　身体にあるツボにはりやきゅうで刺激を与えて治療を施す人。鍼灸師

看護婦　女性の看護師の旧称

みると、その婦人《ふじん》一人《ひとり》でなく、側《そば》に十九歳程《さいほど》の娘《むすめ》をつれて来ている。そしていきなり、石橋《いしばし》さんに向《むか》って「私はあなたの奥《おく》さんです」とこういうのです。石橋さんは吃驚《びっくり》してしまって、よくよく顔《かお》を見なおされると何《なん》だか見おぼえがある婦人のような気がして来《こ》られた。すると、又《また》この婦人は側《そば》にいる十九歳位《さいぐらい》の娘を石橋さんの前《まえ》に引出《ひきだ》して、「よく見てやって下《くだ》さいませ。これはあなたの娘でございます」というのです。よくよく話を交《かわ》してみると、やっぱりその婦人は自分《じぶん》の奥さんだった。（笑声《しょうせい》）その娘も本当《ほんとう》に自分の子だということが解《わか》って来《き》たのでした。というのは、今《いま》は全然《ぜんぜん》そんなことはありませんが、二十年《ねん》も前《まえ》の石橋さんは大分《だいぶ》素行《そこう》が修《おさ》まらなくて、旅行《りょこう》に行《ゆ》けばその先々《さきざき》で奥さんをこしらえるというふうだったのであります。十六人《にん》も七人も交代《こうたい》に奥さんをアチコチで有《も》たれた。しかしそれも金《かね》で片附《かたづ》く時《とき》は金《かね》で片附《かたづ》け或《あ》る場合《ばあい》にはお互《たがい》に相談《そうだん》ずくで先方《せんぽう》もちゃんと承知《しょうち》して別れてしまっていられた。その日《ひ》訪《たず》ねて来《こ》られた御婦人《ごふじん》とはよく話し合った上《うえ》で、「も

素行　平素のおこない。

うお目にかかりません」ということになって別れられていたのですが、別れてから女の方《かた》が自分《じぶん》のお腹《なか》の大きくなった事《こと》に気が附《つ》いたのです。その頃《ころ》は石橋《いしばし》さんは放浪生活時代《ほうろうせいかつじだい》の事《こと》でありますから、どこにいるか判《わか》らないので何《なん》にもいって来《こ》ずに一人《ひとり》で子供《こども》を育てて来られたのでありました。さてその御《ご》婦人《ふじん》が石橋さんにいわれるには、「私は別《べつ》に何《なに》か要求《ようきゅう》があって今日参《こんにちまい》ったのではございません。私はあなたとお別れしてから色々《いろいろ》と苦労《くろう》をして、ただあなたの娘《むすめ》の成長《せいちょう》だけを楽しんで一所懸命《いっしょけんめい》育てて参りました。もうこの娘も十九になります。といって今《いま》この娘にどうにかしてやってくれと申《もう》すのでもありません。ただ私が只管《ひたすら》この娘を育てて来《き》ましたそのことをあなたに認《みと》めて頂《いただ》きたい、それだけを思って参りました」といってその日《ひ》はそのまま帰って行《ゆ》かれたのでありました。ところが、もう石橋さんには奥《おく》さんもあるのみならず、子供さんもあって、幸福《こうふく》な家庭《かてい》を営《いとな》んでおられる。まさか現在《げんざい》の奥さんに向《むか》って自分の前《まえ》の奥さんだともいえないので、知人《ちじん》ということにしてその日《ひ》は別れられたのでありました。

するとその翌年《よくねん》、その娘《むすめ》さんから手紙《てがみ》が来《き》て、それには「お母《かあ》さんが亡《な》くなって、その遺言《ゆいごん》にお前《まえ》の本当《ほんとう》のお父《とう》さんはあなただ、だからお前が思《おも》い余《あま》った時《とき》にはお父さんの所《ところ》へ手紙を出すようにと申《もう》しました。私は今《いま》ほんとにどうしたら好《よ》いか分《わか》らないで途方《とほう》にくれています。思《おも》い余《あま》ってどうにかして頂《いただ》きたいと思って手紙をかきました」とあったのです。讃岐《さぬき》の方《ほう》に娘さんはいられた。石橋《いしばし》さんはその手紙を受取《うけと》った時、奥《おく》さんにすっかり事情《じじょう》を打明《うちあ》けてしまおうかと思われたが、生憎《あいにく》その時奥さんがお産《さん》をされて、産後《さんご》まだ七日《なのか》にもなっておらない。こんなに血が新しいのにこんな事情をうちあけて話して奥さんをびっくりさせたら、血が昇《のぼ》って体《からだ》によくない事《こと》は判《わか》り切《き》っている。石橋さんは散々《さんざん》考えられた末《すえ》、とうとう奥さんには本当《ほんとう》の事はいわないで「聞けば讃岐《さぬき》の金比羅《こんぴら》さんは産後《さんご》の肥立《ひだ》ちに大変《たいへん》よく効《き》く神さんだそうだから、俺《おれ》が一《ひと》つお参《まい》りして来《き》てやる」といって四国《しこく》まで行《ゆ》かれ、

讃岐　四国の香川県の旧称

讃岐の金比羅さん　金比羅宮。香川県の琴平山（象頭山）の中腹に鎮座する旧国幣中社。祭神は大物主神。崇徳上皇の御霊を配祀する。全国の金刀比羅神社の総本宮

そして娘《むすめ》さんに逢《あ》って娘さんを伴《ともな》われてともかく大阪《おおさか》の石橋《いしばし》さんの姉《ねえ》さんのところ迄《まで》帰り、姉さんにすっかり事情《じじょう》をうちあけてその娘さんを預《あずか》ってもらって、御自分《ごじぶん》は本当《ほんとう》に金比羅《こんぴら》参《まい》りをして来《き》たような顔《かお》をして、奥《おく》さんのところへ帰って行《ゆ》かれたのでありました。その中《うち》に赤ちゃんも段々《だんだん》大きくなり、産後《さんご》の肥立《ひだ》ちも至《いた》ってよくなって来《き》たので、石橋さんはボツボツ和歌山《わかやま》から大阪《おおさか》へ娘可愛《むすめかわい》さにその娘の処《ところ》へ時々《ときどき》逢《あ》いに行《ゆ》かれるようになりました。そうしている中《うち》に石橋さんが思われるのに、あの娘と自分《じぶん》の片腕《かたうで》である義弟《ぎてい》とを結婚《けっこん》さしたらどちらにも好都合《こうつごう》だと気がつかれたのでした。そこで或《あ》る日《ひ》のこと、弟さんを呼《よ》んで、「もうお前《まえ》も嫁《よめ》を貰《もら》ってもいい年《とし》じゃないかと思うが、お前の意向《いこう》はどうだ」と訊《たず》ねると、「自分はもう兄《にい》さんを親《おや》のように思っているからすっかり兄さんに任《まか》せる、兄さんの好《よ》いと思うようにたのむ」とのことなのです。「それでは今《いま》こういう娘があるがどうか」といって、娘さんの写真《しゃしん》を見せられると、気に入らないこともないらしい様子《ようす》なので、九分通《ぶどお》りこれと定《さだ》めて、話を進めることにしたのでした。この話には、現在《げんざい》の奥《おく》さんも大変気乗《たいへんきの》りがしていて段々《だんだん》話が進んで行《ゆ》くものですから、これはいつ迄《まで》も事実《じじつ》を隠《かく》しておくよりも本当《ほんとう》の事《こと》を打《う》ちあけた方《ほう》がいいと思われて、或《あ》る日《ひ》奥さんに、「実《じつ》は今《いま》お前《まえ》の弟にと思っている娘《むすめ》は私が二十年前《ねんまえ》に関係《かんけい》したことのある女の忘《わす》れ形見《がたみ》で、私の娘になるのだ」ということをすっかり告白《こくはく》されたのでありました。すると奥さん、すっかり角《つの》を出《だ》してしまったのですね。「近頃《ちかごろ》あなたは度々大阪《たびたびおおさか》へ出掛《でか》けて行《ゆ》く、その様子《ようす》がどうも変《へん》だと思ってましたら、あなたは大阪に女を囲《かこ》っておいて時々《ときどき》ああして逢《あ》いに行《い》っていたのですね。どんな女かといえばあんな若い女をつくったりして……。それでその女があなたの胤《たね》子を宿《やど》したので、あなたはその始末《しまつ》に困《こま》って私の弟に押附《おしつ》けようというのですか」などと飛んでもないことをいって騒《さわ》ぎ出《だ》したのです。「それは君《きみ》の誤解《ごかい》だ」といって石橋《いしばし》さんはいろいろ証拠《しょうこ》物件《ぶっけん》を取《と》り出《だ》して、あれはこれこの通《とお》りほんとに私の娘なのだといって説明《せつめい》

忘れ形見　親の死後にのこされた子。遺児

角を出す　やきもちをやく。嫉妬する

されると、事実《じじつ》は夫《おっと》のいう通《とお》りと分《わか》りましたのですけれど、夫の先妻《せんさい》の娘《むすめ》だということから嫉妬《しっと》をおこして、本当《ほんとう》は弟と結婚《けっこん》さすことがいやな気持《きもち》になって来《き》たのですが、表面《ひょうめん》は別《べつ》に反対《はんたい》する理由《りゆう》が見附《みつ》からない、承知《しょうち》しないわけに行《ゆ》かない状態《じょうたい》にあるのですからうわべでは弟も奥《おく》さんも承知しているが如《ごと》くに振舞《ふるま》っていたのでした。表面は反対していないのですから結婚《けっこん》の話はともかく進んで行《い》って、結婚の日《ひ》も定《さだ》められたのでしたが、その日が近《ちか》附《づ》いた或日《あるひ》に突然《とつぜん》奥さんが逃《に》げてしまった。と、続いて片腕《かたうで》だと思ってこれ迄信頼《までしんらい》しきっていた弟も奥さんと打合《うちあわ》せでもしたかのように逃《に》げ出《だ》してしまったのです。奥さんの出《で》て行《い》った後《あと》には母の乳《ちち》をほしがって泣《な》き喚《わめ》く赤《あか》ん坊《ぼう》がいる。学院《がくいん》の経営《けいえい》からいっても、片腕と思っていたその腕《うで》はもぎとられてしまった。いやもう家《うち》の中《なか》は全《まった》くの混乱状態《こんらんじょうたい》で、何《なに》もかも滅茶滅茶《めちゃめちゃ》になってしまった。石橋《いしばし》さんの心持《こころもち》はそんなことですっかり掻乱《かきみだ》されてしまったのでした。心持《こころもち》が乱《みだ》れて来《く》ると不思議《ふしぎ》なもので、三界《がい》は唯心《ゆいしん》の所現《しょげん》、家《いえ》の繁昌《はんじょう》も不幸《ふこう》もこれ心の現《あら》われなのでありますから、今迄栄《いままでさか》えていた鍼灸学《しんきゅうがく》院《いん》の生徒《せいと》が減《へ》る、患者《かんじゃ》がめっきり少《すく》なくなるというようなわけで急《きゅう》に衰《おとろ》えてしまったのです。真に心の反影というものは恐しいもので、かくも覿面《てきめん》に現われて来るものであることを知れば、決して夫婦喧嘩も、迂闊には出来ないのであります。この鍼灸学院《しんきゅうがくいん》が衰《おとろ》え出《だ》したことにしても院長《いんちょう》である石橋《いしばし》さんの腕《うで》が、技術《ぎじゅつ》が衰えたのではない、三界《がい》は唯心《ゆいしん》の所現《しょげん》でありますから、ただ石橋さんの乱《みだ》れた心の反映《はんえい》として外界《がいかい》に現出《げんしゅつ》した状態《じょうたい》なのであります。いくら病院《びょういん》の収入《しゅうにゅう》が激減《げきげん》したといっても最初《さいしょ》に雇《やと》った医博二人《いはくふたり》と中等学校《ちゅうとうがっこう》の教師《きょうし》、それに看護婦二人《かんごふふたり》にはちゃんと給料《きゅうりょう》を支払《しはら》わなければならない。大きい建物《たてもの》にはそれ相当《そうとう》の経費《けいひ》はかかるし、瞬《また》く間《ま》に石橋さんの和歌山鍼灸《わかやましんきゅう》学院《がくいん》はつぶれてしまったのでありました。その中《うち》に弟は帰って来《き》た。しかし奥《おく》さんは帰って来《こ》ないのです。追々生活《おいおいせいかつ》は苦しくなって来《き》ますから、家《いえ》は弟に任《まか》せることにして、御自分《ごじぶん》は地方巡業《ちほうじゅんぎょう》して出張治療《しゅっちょうちりょう》などして金《かね》を儲《もう》け

覿面　結果や効果がすぐに現れること
迂闊　うっかりしていて心の行き届かないこと

て来《き》てやろうというので出かけて行《ゆ》かれたが、一向《いっこう》に仕事《しごと》がない、金《かね》が入《はい》らない、新聞広告《しんぶんこうこく》などもしてみるが反響《はんきょう》はない。終《しま》いには広告《こうこく》をする金《かね》はなく、宿泊料《しゅくはくりょう》、食料《しょくりょう》、旅費《りょひ》と持金《もちがね》を使《つか》い果《はた》して最後《さいご》にたどりついたところは神戸《こうべ》の湊川《みなとがわ》の上《かみ》の方《ほう》の新湊川《しんみなとがわ》という川にかかっている夢野橋《ゆめのばし》のたもとでありました。そこに新築《しんちく》の空家《あきや》があった。それは極《ご》く小さな家《いえ》でこう三角形みたいな家《うち》なんです。ですから間口《まぐち》は広いけれども奥行《おくゆき》が全然《ぜんぜん》ない。が、ともかく橋《はし》のたもとではあるし、目につきやすい家《いえ》であるから、ひとつここで鍼《しん》灸医《きゅうい》として開業《かいぎょう》してみようという気になって、家賃《やちん》を十七円出して借《か》りられた。そして麗々《れいれい》しく看板《かんばん》を出して娘《むすめ》さんも呼《よ》びよせて開業せられた。ところが患者《かんじゃ》は一人《ひとり》もやって来《こ》ないのです。まあまだ最初《さいしょ》で人《ひと》がよく知らないのだろうから二、三ヵ月《げつ》すればお得意《とくい》も出来《でき》てきっと繁昌《はや》って来《く》るだろうと待《ま》ち構《かま》えていたが、相変《あいかわ》らずほとんど患者がやって来《こ》ない。引越《ひっこ》して来《き》て三ヵ月目には家賃《やちん》の支払《しはら》いに窮《きゅう》するという有様《ありさま》でありました。すると家《いえ》の管理《かんり》

新湊川　神戸市の中心部を流れる湊川の洪水防止のため、明治三十四年に流路を付け替えられた川の呼称。旧湊川付近は新開地と呼ばれる歓楽街となった

夢野橋　神戸市を流れる新湊川にかかる橋。夢野は、神戸市兵庫区にある地名

たもと　そば

間口　家屋や土地の正面の幅

麗々しく　人目を引くように派手に

人《にん》が極《ご》く近くに住んでいるので、隔日位《かくじつぐらい》にやって来《き》ては家賃《やちん》の催促《さいそく》をするのです。「何《なん》じゃ、最初《さいしょ》はえらい勢《いきおい》で来《き》よったから、せめて一年位《ねんぐらい》の食《く》い溜《だ》めは持って来《き》とると思っとったのに、たった二ヵ月《げつ》しか食《く》い溜《だ》めを持っておらんで、もう家賃が払《はら》えんのか。この家《いえ》はまだ新しくていくらでも借手《かりて》があるのだからお前《まえ》みたいな文無《もんな》しには貸《か》しとかれん。家賃が払えんのなら出ていってくれ」とうるさくいうのです。石橋《いしばし》さんにしてみれば出て行ってくれといわれたっても行《ゆ》く家《いえ》はない。それにそんなに転々《てんてん》として引越《ひっこ》していたら余計《よけい》に患者《かんじゃ》が来《き》やしない。せめて五、六ヵ月位《げつぐらい》やってみた上《うえ》でないと繁《はん》昌《じょう》するかどうか分《わか》らない。金《かね》が少しでも入《はい》ったら必ず払うから、どうかも少し待ってくれという。石橋さんはどうにかして今《いま》しばらくここに落著《おちつ》きたいと思うので一所懸命家《いっしょけんめいいいえ》にかじり附いているのだけれど管理人《かんりにん》は相変《あいかわ》らずやって来《き》て「どうでも出て行《ゆ》け」といって大声《おおごえ》で呶鳴《どな》り散《ちら》す。何分《なにぶん》三角形の狭《せま》い家《いえ》ですから、管理人の呶鳴《どな》り声《ごえ》は外《そと》に洩《も》れて近所中《きんじょじゅう》に聞《きこ》えてしまうので

隔日　一日おき

食い溜め　一度にたくさん食べて腹にためておくこと。転じて蓄えた生活資金

す。石橋《いしばし》さん、ハラハラするが管理人《かんりにん》は容赦《ようしゃ》ない、どうにかして逐《お》い出《だ》そうという魂胆《こんたん》なのですから無理《むり》はないのです。そんなふうですから石橋さんの信用《しんよう》はすっかりなくなってしまって、余計《よけい》に患者《かんじゃ》など寄《よ》り付《つ》かなくなってしまったのでした。こうなるとどうにもこうにも動きがつかない。苦しい時《とき》の神だのみで、何《なに》か救《すく》われる道《みち》でもあるかと思って、「ひとのみち」の話を聞きにいったりもされたが、紹介者《しょうかいしゃ》がないと入《い》れてやらないといって断《ことわ》られた。この石橋さんは、前《まえ》に天理教《てんりきょう》、仏教《ぶっきょう》などの説教《せっきょう》もききに行《ゆ》かれて、どうぞして救われたいという念願《ねんがん》は以前《いぜん》から持っておられたのでしたが、そして今度《こんど》は扶桑教《ふそうきょう》にも行《ゆ》かれたのでしたが、どういうものか紙一枚《まい》の隔《へだた》りでどうも心にぴったりしないものがある。そうしている時《とき》に扶桑教《ふそうきょう》の先生《せんせい》が「君《きみ》、一《ひと》つこれを読んでみ給《たま》え、或《ある》いは救われるかも知れないから」といって生長《せいちょう》の家《いえ》のパンフレットを八冊《さつ》ほど貸《か》してくれられたのでありました。石橋さんはそれを持って帰って読んでいる中《うち》に今迄《いままで》自分《じぶん》の求めていたものは

魂胆　たくらみ

「ひとのみち」　ひとのみち教団。大正五年に御木徳一が御嶽教徳光大教会として立教し、昭和六年に扶桑教ひとのみち教会と改称。昭和十二年に不敬罪で解散を命じられる。昭和二十一年、徳一の長男徳近がPL教団（パーフェクトリバティ教団）として復興させた

扶桑教　教派神道の一つ。宍野半が各地の富士講を結集した。明治十五年に教派神道の一派となった

これだという気がして来《き》て心が一変《いっぺん》してしまった。今迄《いままで》管理人《かんりにん》をいやな奴《やつ》だと思い、どうにでもしてこの家《いえ》にいなければならないと思っていたのに、管理人にはほんとに済《す》まないという気持《きもち》になって来《き》たし、これまで「この家《いえ》におらんならん、おらんければ生活《せいかつ》に困《こま》る」と家《いえ》に執《しゅう》していたのに、その執《しゅう》する心がなくなって来た。ここが大切《たいせつ》です。先刻《さっき》は体《からだ》のことを申《もう》しました。この体《からだ》をこの体《からだ》をと思って体《からだ》にばかり心を引《ひっ》かからせていたら病気《びょうき》は快《よ》くなりはしないし、終《しま》いには神経衰弱《しんけいすいじゃく》となってしまうより他《ほか》はないのだという事《こと》を話しましたが、今度《こんど》は体《からだ》ではない、家《いえ》の話です。しかし同じことで、物質にひっかかっている限り良くなりっこはない、却《かえ》って苦しくなるばかりなのです。それで石橋《いしばし》さんもこの家《いえ》この家《いえ》と思って執著《しゅうじゃく》していた、その時《とき》には管理人が隔日《かくじつ》にやって来《き》て大声《おおごえ》で呶鳴《どな》っても黙《だま》って忍《しの》ばなければならなかった。ところがパンフレットを読むにつれて、「人間《にんげん》は神の子であって生《い》かす力《ちから》は神から来《く》るのだ。この天地《てんち》が地上《ちじょう》に吾々《われわれ》を生《う》んだ以上《いじょう》決して人間が食べるものにことかくということはあるはずがない。それだのに食べるものもないという状態《じょうたい》にあるのは、神の豊《ゆた》かな供給《きょうきゅう》を自分《じぶん》の心を狭《せま》くしていて受《う》け入《い》れなかったからだ。人間《にんげん》が自《みずか》ら栓《せん》をして神の供給を拒《こば》んでいるからだ。これからは心をもっと広く持って、お示しのままにもしこの家《いえ》を出ろといわれたら出て行《ゆ》こう、そこに又《また》お示しがあるのだ」と、こういうようにひっかかる心をすてて、すべて神様《かみさま》の大きな御手《みて》に委《まか》せる気になられたのでありました。そこへ又管理人《またかんりにん》がやって来《き》て、「どうでも出てもらわんならん」といい出した。石橋《いしばし》さんはもう、「是非《ぜひ》この家《いえ》におらんならん」という心がない、何《なに》かの都合《つごう》があったから一月《がつ》十九日《にち》まで待ってもらう事《こと》にして「そんなら出ましょう、その代《かわ》り一月十九日まで待って下さい、一月の十九日には必ず立退《たちの》きますから」といって固《かた》く約束《やくそく》された。管理人は何度《なんど》もだめを押《お》して帰って行《い》ったのでした。それは昨年《さくねん》の一月の話です。さて約束の一月十九日です。ところがその日は神戸市《こうべし》としては稀《まれ》な大雪《おおゆき》でありました。雪は朝から

ことかく　物事が不足する。なくて不自由する。事欠く

だめを押す　くどく念を押すこと

霏々《ひひ》と降《ふ》り続《つづ》けている。しかし約束《やくそく》でありますから石橋《いしばし》さんは出《で》て行《ゆ》く決心《けっしん》でいられたのでありました。一方管理人《いっぽうかんりにん》は「今日《きょう》は石橋が家《いえ》を明《あ》け渡《わた》すといった日《ひ》だが、こんなに雪が降《ふ》ってても本当《ほんとう》に出《で》て行《ゆ》くかな、もし何《なん》とかいって出て行《ゆ》かなかったら、叩《たた》き出《だ》してやるんだ」というので、えらい権幕《けんまく》で石橋さんのところへやって来《き》た。「おい石橋君《いしばしくん》、今日《きょう》は約束の日《ひ》だが、どうだ、本当に出て行《ゆ》くかね」と恐《おそ》しい顔《かお》をしていうのです。石橋さんはもう一切《いっさい》を捨《す》てて神のお示しのままに行《ゆ》こうと心が定《さだ》まっているのですから、ビクともしません。「ええお約束通《やくそくどお》り、家《いえ》は明《あ》け渡《わた》します」といいますと、管理人は「本当にこの雪でも出て行《ゆ》くか、引越《ひっこ》して行《ゆ》く先《さき》は見附《みつ》かったのかね」というのです。「行《ゆ》く処《ところ》などどこにもありません。新しい家《いえ》を借《か》りるには敷金《しききん》も要《い》るし、家賃《やちん》も要《い》る。そんな金《かね》があるならばあなたに家賃として差上《さしあ》げたでしょうが、その金《かね》が出来《でき》ないからこそ今日《きょう》こうして出て行《ゆ》くのです」と答えられると、管理人は「ふーん」といって腕《うで》を拱《こまぬ》いて何《なに》か考え出したんで

霏々　雨や雪がひどく降るさま

権幕　激しく怒って興奮した荒々しい顔つきや態度

敷金　家屋などの借り主が貸し主に預けておく保証金

腕を拱く　腕を組む

す。「いや、君《きみ》ほんとに出る気なんだね、それでは娘《むすめ》さんはどうする」「娘は仕方《しかた》ありません、娘は大阪《おおさか》の姉《あね》の家《うち》に預《あず》けます。そして私は無一物《むいちぶつ》になって神仏《かみほとけ》のお示しのままに、養《やしな》って下《くだ》さるままに四国遍路《しこくへんろ》へでも出掛《でか》けます」とこういわれた。そして又重《またかさ》ねて管理人《かんりにん》に対《むか》って「あなたにも今迄色々《いままでいろいろ》お世話《せわ》をかけまして申訳《もうしわけ》ありませんでした。が、実際《じっさい》に金《かね》がなかったんですからどうか悪く思わんで下さい。溜《たま》っている家賃《やちん》も払《はら》いたいと思うけれどそれも出来《でき》ない。私も少しはこの家《うち》の造作《ぞうさく》に金《かね》をかけました。少しばかりしかありませんけれど家財《かざい》もすっかり置《お》いて参《まい》ります。家賃の代《かわ》りにとって下《くだ》さい。有難《ありがと》うございました」と礼《れい》をいって出《で》て行《ゆ》く決心《けっしん》を固《かた》く示されますと、黙《だま》って石橋《いしばし》さんの話を聞いていた管理人の態度《たいど》が一変《いっぺん》してしまって、「もうちょっと辛抱《しんぼう》したらどうだね。雪も降《ふ》ってるのに行《ゆ》くあてもなく出て行《ゆ》くのは大変《たいへん》だろう。君の気持《きもち》はよく分《わか》った、俺《おれ》も家主《やぬし》の手前《てまえ》ああして家賃の催促《さいそく》ばかりしていたのであったけれど、家賃は俺《おれ》が何《なん》とか都合《つごう》つけてあげ

四国遍路　弘法大師が開いたとされる四国の八十八ヵ所の霊場を巡拝すること。四国巡礼

造作　家の内装や建具。そのつくり

ようから、今少《いますこ》し辛抱《しんぼう》して鍼医《はりい》を続けてみないか。それに俺《おれ》は方々《ほうぼう》へ行《ゆ》く事《こと》だし、患者《かんじゃ》も世話《せわ》して上《あ》げよう。その間《あいだ》に金《かね》が出来《でき》たら家賃《やちん》を少しずつでも払《はら》えばいい。もう少し頑張《がんば》ってみたらどうか」といい出《だ》したのです。

　こちらが執着《しゅうじゃく》して、置《お》いてくれという時《とき》にはどうでもこの家《いえ》を出て行《ゆ》けという。では出て行きましょうとこちらが執着をなくしていい出せばもう少し辛抱してみんか、という。これが不思議《ふしぎ》な真理《しんり》の力《ちから》であります。要《よう》するにこの家《いえ》この家《いえ》と思って物質《ぶっしつ》に執着《しゅうじゃく》して物質のみを頼《たよ》っていた心が八冊《さつ》のパンフレットを読んで心が開《ひら》かれ、こだわる心がなくなって、自《おの》ずから神の無《む》限《げん》の供給《きょうきゅう》をうけ入《い》れることが出来《でき》るようになられたのでありました。石橋《いしばし》さんはすべてをすてて出《で》て行《ゆ》こうとしていた。しかしすべてを捨てた時《とき》にこんなにも状態《じょうたい》が変《かわ》って来《き》たのです。自分《じぶん》の心によって、心一《ひと》つでこんなにも変《かわ》るものか、これも神様《かみさま》の思召《おぼしめし》であったと気がつかれて大変感謝《たいへんかんしゃ》されたのでありました。管理人《かんりにん》もそんなに深切《しんせつ》にいってくれるのでありますから石

思召　お考え

橋さんはその家《いえ》にまた置いてもらうことにした。それから二、三円ずつでも金《かね》が出来《でき》ると管理人《かんりにん》の所《ところ》へ持って行《ゆ》くといった具合《ぐあい》にされていたのでありました。ちょうど、昭和《しょうわ》九年の六月十九日頃《にちごろ》でした。生長《せいちょう》の家《いえ》の神戸《こうべ》支部《しぶ》の発会式《はっかいしき》が元町《もとまち》の元栄海《げんえいかい》事務所《じむしょ》の階上《かいじょう》でありました。その日《ひ》に或《あ》る誌友《しゆう》が石《いし》橋《ばし》さんとこへやって来《き》て、「石橋君《いしばしくん》、誌友会《しゆうかい》へ行《い》ってみようじゃないか」と誘《さそ》われた。「行《ゆ》きたいんだが金《かね》がないんでね」といわれると、「まあ一緒《いっしょ》に行《い》ってみようじゃないか」と又《また》しても誘われる。石橋さんは本当《ほんとう》は行《ゆ》きたくて行《ゆ》きたくて堪《たま》らないのですから、思切《おもいき》って有金全部《ありがねぜんぶ》をもって誌友会に出席《しゅっせき》された。その時《とき》石橋さんはまだ誌友《しゆう》になっておられなかったのです。その日誌友《しゆう》になろうと思ったけれど、誌友《しゆう》になるには当時《とうじ》一ヵ年分《ねんぶん》三円六十銭《せん》でありました。しかし石橋さんの財布《さいふ》の中《なか》には二円しか這入《はい》っていないのです。それも家賃《やちん》の内入《うちい》れにするつもりで明日《あす》管理人《かんりにん》へ渡《わた》そうと思って貯《た》めておいた虎《とら》の児《こ》なんです。しかしどうしても誌友《しゆう》になりたい。よし思いきっ

二、三円　現在の約四千～九千円に相当する

元栄海　神戸市中央区にある元町商店街周辺地域。元町通り、栄町通り、海岸通りの頭文字を取った呼称

内入れ　返済が遅れている時などに、とりあえず一部だけでも入金すること

虎の児　大切にして手元から離せないもの。特に金銭を指す

て払《はら》ってしまえ！　という気になられて、係員《かかりいん》の所《ところ》へ行《い》って、「誌友《しゆう》にして頂《いただ》きたいのですが今《いま》私に三円六十銭《せん》という金《かね》がありません。半年分《はんねんぶん》一円八十銭なら払《はら》えるのですが、それで誌友《しゆう》にさせては頂《いただ》けませんでしょうか」といわれるとそれでもいいということなので半年分《はんねんぶん》の誌代《しだい》と、その日の記念撮影《きねんさつえい》写真代《しゃしんだい》二十銭、合計《ごうけい》二円、持っている金《かね》の全部《ぜんぶ》を係員に渡《わた》された。それでもう蟇口《がまぐち》には一文《もん》も這入《はい》っていない。石橋《いしばし》さんは文字通《もじどお》りすっ、、、からかんになってしまったのでした。その時《とき》石橋さんは心の中《なか》で手を合《あわ》せて「生長《せいちょう》の家《いえ》の神様《かみさま》、この二円は私の全財産《ぜんざいさん》でありました。その虎《とら》の児《こ》を全部投げ出して今日《きょう》から誌友《しゆう》にならせて頂きました。もうこの後《ご》の無限供給《むげんきょうきゅう》はあなたにお任《まか》せいたします」と祈《いの》って、皆《みな》さんといろいろと話をして帰宅《きたく》されますと、簡易保険《かんいほけん》の通達《つうたつ》が来《き》ている。開《ひら》いてみると保険《ほけん》の掛金《かけきん》が、来る《きたる》何月何日《なんがつなんにち》で期《き》限《げん》が切れるから、それ迄《まで》に一円五十銭支払《しはら》わぬと貴下《きか》が十年間《ねんかん》も支払《しはら》った保《ほ》険料《けんりょう》が無効《むこう》になると書いてあったのです。「さあ困《こま》った、あの二円があった

蟇口　口金の付いた財布

ら今《いま》すぐ払《はら》うのにな」とちょっと惜《お》しい気もされたけれども、「いや万事神《ばんじ》のお示しによってした事《こと》だ。今度《こんど》もきっと何《なに》かお示しがあるに違《ちが》いない」と心を落著《おちつ》けておられた。とその翌日例《よくじつれい》の管理人《かんりにん》がやって来《き》た。石橋《いしばし》さんは管理人が家賃《やちん》の催促《さいそく》に来たんじゃないかと思って胸《むね》がどきっとされた。何分《なにぶん》管理人に支払《しはら》うべき金《かね》で誌友《しゆう》になってしまわれたんですから「これは大変《たいへん》なことになったわい」と思っておられると、管理人は家賃を払《はら》えなどとは一言《ごん》もいわないで、「石橋君《いしばしくん》、今日《きょう》はちょっと頼《たの》みたいことがあるのでやって来《き》た」というのです。一体何《いったいなん》のことかと思っていると管理人がいうには、「実《じつ》は俺《おれ》の恩人《おんじん》が坐骨神経痛《ざこつしんけいつう》で痛《いた》んで腰《こし》が立たなくて困《こま》っているので君《きみ》に治《なお》してもらいたいと思ってやって来たのだが一遍往診《いっぺんおうしん》してもらえまいか。私の恩人だから治療費《ちりょうひ》もまあ出来《でき》るだけ勉強《べんきょう》してもらいたいんだが……」という話なのです。石橋さんは渡《わた》りに舟《ふね》と、早速《さっそく》と出掛《でか》けて行《ゆ》かれますと、病人《びょうにん》は腰が痛いといってうんうん呻《うな》って寝《ね》ているのです。石橋さんは鞄《かばん》から鍼《はり》を出

坐骨神経痛　尻や足腰にしびれや痛みを生ずる腰痛の一種

往診　医師が患者の家へ行って診察すること

勉強する　安く売ること。おまけをすること

渡りに舟　困っている時に思いがけなく好都合なことが起こること。『法華経』の「薬王品」にある言葉

して、心の中《なか》では「生長《せいちょう》の家《いえ》の神様《かみさま》よろしくたのみます」と念《ねん》じつつ鍼《はり》をうたれると病人《びょうにん》の痛《いた》みがすーっと除《と》れてしまったのです。生長の家では言葉の力《ちから》だけでも病人を治《なお》すというのですから、石橋《いしばし》さんはまず鍼《はり》を打っておいてから強い言葉でいわれたのです。「どうじゃ、もう痛まんだろ」「ああ、すっかり痛みが止《とま》った」「もう起《た》てるはずだ、ちょっと起《た》ってごらん」というと今迄《いままで》呻《うな》っていて動けなかった病人がすーっと起《た》ったのです。「起《た》てたら歩ける、さあ歩いてみなさい」というと部屋《へや》の中《なか》を歩き出した。一緒《いっしょ》に行《い》った管理人《かんりにん》は石橋さんが心に念《ねん》じられた事《こと》も、言葉の力《ちから》を応用《おうよう》された事も分《わか》らないのですから、鍼《はり》があんなに早くきいたのだと思って吃驚《びっくり》したんです。「へえー、君《きみ》の鍼《はり》がこんなによく効《き》くということは知らなかった、そんなによく効《き》く鍼《はり》ならもっともっと患者《かんじゃ》を世話《せわ》しよう」といって「今《いま》の治療費《ちりょうひ》はいくらだ」と申《もう》しますから「普通出張治療《ふつうしゅっちょうちりょう》は二円ということにしているのだが君《きみ》に安くする約束《やくそく》があったんだから半値《はんね》の一円にしとく」と答えられたのです。すると患者《かんじゃ》の方《ほう》で気《き》の毒《どく》がって、「こんなによくしてもらったのにそんなに負けてもらっては気の毒だから、その中《なか》をとって一円五十銭《せん》ということにしておこう」といって一円五十銭《せん》くれた。そしてその一円五十銭をもって家《うち》へ帰ると、間《ま》もなく保険《ほけん》の集金人《しゅうきんにん》が来《き》てその一円五十銭を持って行《ゆ》きました。（笑声《しょうせい》）それ以来《いらい》、万事実《ばんじじつ》に都合《つごう》よく行《ゆ》くようになった。一円五十銭要《い》る時《とき》には、チャンとその前《まえ》に一円五十銭入《はい》って来《く》る。お金《かね》がどうしても要《い》るという時には、ちゃんとそれだけの金額《きんがく》が這入《はい》って来《く》るという次第《しだい》で不思議《ふしぎ》な位《くらい》都合よく行《ゆ》くのです。成程生長《なるほどせいちょう》の家《いえ》の無限供給《むげんきょうきゅう》というのはこういうものだな、たとい、貧《まず》しくても生活難《せいかつなん》などということはないと大変《たいへん》感謝《かんしゃ》されたのでありました。それから一週間程《しゅうかんほど》して、ある日何気《ひなにげ》なく新聞《しんぶん》を披《ひら》いて見ておられると広告欄《こうこくらん》のところに、「石橋《いしばし》」と書いてあるのに気がつかれたのです。それには石橋静人《いしばしせいじん》と書いてある、その方《かた》は貫一《かんいち》という名ですが、――石橋静人《いしばしせいじん》――と何《なん》だか覚《おぼ》えがあるような名だ、変《へん》だなと思ってその人《ひと》の肩書《かたがき》の住所《じゅうしょ》を見ると、自分《じぶん》の家《いえ》の番地《ばんち》なのです。そしてその名の上《うえ》に金《きん》五十円也《えんなり》と書いてある。「変だな」と、よく考えてみられると静人《せいじん》というのは自分の本名《ほんみょう》ではないけれど、御自分《ごじぶん》の仮《かり》の雅号《がごう》であったのです。というのは二月《ふたつき》ばかり前《まえ》のこと、大学目薬《だいがくめぐすり》の標語《ひょうご》の懸賞募集《けんしょうぼしゅう》があった時《とき》、その頃《ころ》はお金《かね》も欲《ほ》しかったし、当《あた》ればば助かるがなと思って石橋静人《いしばしせいじん》という名にして応募《おうぼ》されたことがあったのです。そしてすっかり忘れていられた。それが当選《とうせん》したのでした。全体《ぜんたい》で五十七万何千通《まんなんつう》とかの応募者《おうぼしゃ》の中《なか》から五番目《ばんめ》に当選して賞金《しょうきん》が五十円貰《もら》えることになった。それも際《きわ》どいところで五番までの賞金が五十円で、六番に下《さが》れば賞金が三十円になるところであった。石《いし》橋《ばし》さんは五人目で一《ひと》つ下《さが》れば六人目です。ああ何《なに》もかも有難《ありがた》いことばかりだといって、大変喜《たいへんよろこ》ばれました。この五番、六番との得点《とくてん》の差《さ》などというものは実《じつ》に微妙《びみょう》なところで分《わか》らないものなのです。その優劣《ゆうれつ》はどこにあるか物《もの》差《さし》ではかるわけには行《ゆ》かない。ほんの審査員《しんさいん》の気持《きもち》です。「そのホンのちょ

金五十円　現在の約十万〜十五万円に相当する
雅号　文人や書家、画家などが本名以外につける風流な名。号
大学目薬　明治三十二年に田口参天堂（現在の参天製薬株式会社）が初めて発売した目薬の商標

っとした審査員《しんさいん》の気持《きもち》を動かして私が五等《とう》の五十円に当《あた》り、他《た》の人《ひと》が六等になったというのは、ちょうど私が生長《せいちょう》の家《いえ》の誌友《しゆう》になってからの出来事《できごと》で、こういうところにも生長の家の神様《かみさま》の不思議《ふしぎ》なお救《すく》いの力《ちから》が働《はたら》いているのだ」と心から感謝《かんしゃ》されたのでありました。さて翌日《よくじつ》になると、大学目薬《だいがくめぐすり》の本舗《ほんぽ》から石橋《いしばし》さんに宛《あ》てて邦文《ほうぶん》タイプで打った書留《かきとめ》の手紙《てがみ》が来《き》た。披《ひら》いて見ると、「貴下《きか》が今度応募《こんどおうぼ》された標語《ひょうご》は五等に当選《とうせん》したから、賞金《しょうきん》をお送りする」と書いて五十円の為替《かわせ》が入《はい》っているのです。石橋さんにしてみればその五十円は焼《や》け石《いし》に水のようなものなのです。すぐにでも使いたいのだけれども、それから三日経《みっかた》つと生長《せいちょう》の家本部《いえほんぶ》に誌友会《しゆうかい》がある。その誌友会にどうしてもこの実物《じつぶつ》を見てもらいたいというので、欲《ほ》しい欲しいその金《かね》を為替《かわせ》のまま三日間置《みっかかんお》いといて誌友会に持って来《こ》られたのでありました。そして「これが神様に恵《めぐ》まれた五十円です。皆《みな》さんよく見て下さい」といって集《あつ》っていた誌友達《しゆうたち》に廻《まわ》して見せられた。そしていわれるには「これはほんとに生長の

邦文タイプ　和文タイプライター。鍵盤をたたいて紙面に文字を印刷する機械。大正四年に杉本京太が考案した

為替　現金の代わりに送金する手形や証書

焼け石に水　努力や援助が少なくて役に立たないこと

家の神様《かみさま》が恵《めぐ》んで下《くだ》さったお金《かね》です。それを私の好《す》き勝手《かって》に使っては申《もう》し訳《わけ》ありません。先生《せんせい》、一《ひと》つ私にどう使ったらよいか指図《さしず》して下《くだ》さいませ」とこういうわけなのです。それで私が「先《ま》ずあんた、どの位《くらい》借金《しゃっきん》があるのか」と訊《たず》ねますと「実《じつ》は誰某《たれそれ》さんに〇〇円《えんか》借りている。しかしこの人《ひと》は大変《たいへん》に寛《かん》大《だい》な人で、一つも催促《さいそく》しない、ある時《とき》に払《はら》ってくれといっていいます。それから家賃《やちん》もいくらいくらたまってる」といわれますので、それでは寛大な人に幾《いく》ら返して、家賃は幾《いく》ら払う、というように私が割当《わりあ》てて差上《さしあ》げて、その五十円も大体《だいたい》うまく割当《わりあ》てられたのでありました。一部分《ぶぶん》は管理人《かんりにん》に払おうと封筒《ふうとう》にいれて机《つくえ》の抽出《ひきだ》しに入れて勢《いきお》いこんで管理人を待っていると、管理人が往来《おうらい》を通《とお》っているんです。「おーい、君々《きみきみ》ちょっと用事《ようじ》があるんだが」と呼《よ》びかけると、「ああ今日《きょう》は忙《いそが》しくてあかん、堪忍《かんにん》して」といって逃《に》げるようにして往《い》ってしまうのです。不思議《ふしぎ》なこともあるもんだ、家賃を払おうというと向《むこ》うが「堪忍《かんにん》して」といって逃《に》げ出《だ》す。払ってくれとうるさくいわれなり反対《はんたい》になってしまった、それが反対《はんたい》になれた時《とき》にはこっちが「堪忍《かんにん》して」といって逃《に》げていたのに、それが反対《はんたい》になってしまった、神様《かみさま》のお力《ちから》というものは不思議《ふしぎ》なものだとつくづくと思われたのでありました。（笑声《しょうせい》）その翌日《よくじつ》もまたまた往来《おうらい》を見ていると管理人《かんりにん》が通《とお》って行《ゆ》くのが見えるので石橋《いしばし》さんが又呼《またよ》び止《と》めると、またまた「堪忍《かんにん》して。今日《きょう》は忙《いそが》しい」といって振返《ふりかえ》りもせずに逃げるようにして行《い》ってしまうのです。三日目《みっかめ》に又《また》往来を行《ゆ》く管理人を見て、今日《きょう》こそは家賃《やちん》を払《はら》ってしまおうと思って呼び止められると管理人がしぶしぶやって来《き》て、「何《なん》じゃうるさい、毎日《まいにち》毎日、人《ひと》を呼びよって、一体何《いったいなん》の用《よう》があるのや」というのです。「いや君《きみ》に家賃を払おうと思って呼ぶのに、君はいつも逃げるように行《い》ってしまうのは何《なん》でや」といいますと、「何《なん》じゃ家賃か、家賃なら家賃だとはっきりいえば好《よ》いのに」「だってまさか往来に向《むか》って家賃払うぞともいえやせんがな」「そりゃ、そうじゃが、まだ月末《げつまつ》にもならんのに、君が家賃払うはずもないと思うてな」「君どうしてあんなに逃げた」「俺《おれ》は又《また》月末も近づいたが君《きみ》が患者《かんじゃ》を世話《せわ》してくれというんだろう、それで患者の催促《さいそく》をしておいて、世話をせなんだら、それを口実《こうじつ》に家賃《やちん》を払《はら》わぬ魂胆《こんたん》だと思った」というわけです。（笑声起《しょうせいおこ》る）

ともかく石橋《いしばし》さんにとっては有難《ありがた》くて仕方《しかた》がないのです。以前《いぜん》は家賃の催《さい》促《そく》で小さくなって逃《に》げていなければならなかった。今《いま》ではこちらが、患者でも何《な》んでも催促する地位《ちい》になっている。そして今迄実《いままでじつ》に冷酷《れいこく》に呶鳴《どな》り散《ち》らしていた管理人《かんりにん》と温《あたたか》い気持《きもち》ですっかり仲《なか》よしになってしまったのでした。

それからしばらくして或《あ》る日《ひ》、管理人が十三、四になる自分《じぶん》の娘《むすめ》を石橋さんのところへ連れて来《き》て、この娘を治《なお》してくれ、といって来《き》たのです。「一《いっ》体《たい》どうしたんだ」と訊《たず》ねますと、「実《じつ》は縁側《えんがわ》から落っこちて足を挫《くじ》いたらしいんだ。県立病院《けんりつびょういん》へ伴《つ》れて行《ゆ》くと腰椎《ようつい》が半脱臼《はんだっきゅう》して曲《まが》っている、棘状突《きょくじょうとっ》起《き》が横《よこ》の方《ほう》を向いているから半年位入院《はんとしくらいにゅういん》しないと治《なお》らない。それも全快《ぜんかい》するとはうけあえないというのだが、君の力《ちから》でどうぞして治《なお》してもらえまい

腰椎　脊柱を構成する椎骨のうち腰の部分を支える骨
半脱臼　骨の関節が半分はずれること
棘状突起　椎骨にある、とげのような形に突き出た部分

か」という話なのです。石橋《いしばし》さんは昔軍隊《むかしぐんたい》で整骨医《せいこつい》をやっておられたこともあるものですから、子供《こども》を裸《はだか》にしていろいろ調べてみられると成《な》る程腰椎《ほどようつい》が大分脱臼《だいぶだっきゅう》して曲《まが》っているのです。「これは腰椎《ようつい》が曲《まが》って来《き》ているから大分《だいぶ》ひどい。俺《おれ》の力《ちから》ではそうだな、まあ三ヵ月《げつ》はかかるだろう。医者《いしゃ》のように半《はん》年《とし》も要《かか》らないで治《なお》るだろうから、どうだ通《かよ》って来《く》るかな」とこういう話になって「ともかく、君《きみ》に委《まか》すから」と、当分《とうぶん》石橋さんとこへ通《かよ》ってみるということに定《きま》ったのでありました。一体《いったい》この整骨《せいこつ》というものは脱臼《だっきゅう》の箇所《かしょ》を強く指圧《しあつ》して押《お》して治《なお》すので、軍隊などなら遠慮会釈《えんりょえしゃく》なくぎゅーぎゅーやって好《よ》いのですが、今度《こんど》は相手《あいて》が子供だから痛《いた》くて押《お》すわけに行《ゆ》かない。それで「よし、この娘《むすめ》は、神さまのお力《ちから》を借《か》りて治《なお》してやろう」と思って心のうちに招神歌《かみよびうた》をとなえながら、子供の油断《ゆだん》している隙《すき》に軽《かる》くちょっと押すというふうにして一週間《しゅうかん》もたった。すると、今迄蟹股《いままでがにまた》で妙《みょう》な歩《ある》き方《かた》をしていた子供がすーすーと真《まっ》すぐに歩けるように完全《かんぜん》に治《なお》ってしまったのです。あまり

整骨医 折れたり痛めたりした骨や関節を治療する人。ほねつぎ

指圧 指や手のひらで押したりもんだりすること

遠慮会釈なく 控えめにしたり手加減したりしないで

招神歌 神想観を始める時にとなえる和歌四首のこと。本全集第十四巻「観行篇 神想観実修本義」上巻参照

早く治《なお》ったので石橋《いしばし》さんも管理人《かんりにん》も吃驚《びっくり》してしまった。すると管理人は石橋さんのところへやって来《き》て、「君《きみ》、娘《むすめ》を治《なお》すのに三ヵ月は要《かか》るなどと大分《だいぶ》ひどそうな事《こと》いったが、医者《いしゃ》も君も誤診《ごしん》してたんだね」と小言《こごと》をいったという位《くらい》です。病気《びょうき》というものは、あまり早く治《なお》すとこう小言《こごと》をいわれるものです。「いやそうではない、医者も俺《おれ》も誤診したんやない。腰椎《ようつい》がひどく脱臼《だっきゅう》していたのは本当《ほんとう》のことなんだ。それを何故《なぜ》こんなに早く簡単《かんたん》に治《なお》してしまったか不思議《ふしぎ》に思うだろうが、それはこの俺《おれ》が治《なお》したんじゃない、私は娘さんに治療《ちりょう》する時《とき》はいつも神に念《ねん》じていたのだ。それで神様《かみさま》が予定《よてい》してたよりずっと早く、たった一週間《しゅうかん》で治《なお》して下《くだ》さったのです」と話されたのでありました。

　それからもう一軒《けん》の家《うち》へお金《かね》をもって借金《しゃっきん》を払《はら》いに持って行《ゆ》かれると、向《むこ》うでは今時分《いまじぶん》石橋さんがお金を持って来《く》るとは夢《ゆめ》にも思っていませんでしたから大変《たいへん》喜《よろこ》んでくれた。石橋さんもすっかり嬉《うれ》しくなってしまって、近《ちか》頃《ごろ》自分《じぶん》に起《おこ》っている様々《さまざま》の不思議《ふしぎ》を話《はな》しされている中《うち》にその方《かた》の知り合いの方《かた》で県立病院《けんりつびょういん》へ入院《にゅういん》していて、盲腸《もうちょう》、痔瘻《じろう》、心臓病《しんぞうびょう》、胃下垂《いかすい》とかで瀕死《ひんし》の状態《じょうたい》にあるという人《ひと》がいるということを話された。石橋《いしばし》さんは自分の恩《おん》人《じん》の知《し》り合《あい》というだけでも、どうしても治《なお》してあげたくて仕方《しかた》ない。県立病院の何号室《なんごうしつ》かと根掘《ねほ》り葉掘《はほ》り訊《き》き正《ただ》して、懐《ふところ》から帳面《ちょうめん》を出して書《か》き留《と》めていられると、「君《きみ》、そんなに書き留めたりなどして一体《いったい》どうするつもりなんだ。あれは、君がいくら鍼灸《しんきゅう》の名人《めいじん》だってもう治《なお》りっこないから行《い》ったって無駄《むだ》だよ。医者《いしゃ》も絶対安静《ぜったいあんせい》を命《めい》じてるんだし、この間《あいだ》も加持祈禱《かじきとう》で治《なお》すとかいって医者から怒《おこ》られたんだから、君行《きみゆ》くと却《かえ》って大変《たいへん》だよ」という話なんです。「いや、行《ゆ》きませんから」といってともかく所《ところ》だけ書き留《と》めて石橋さんは帰られたのでしたが、どうしても治《なお》してあげたくて仕方《しかた》ない。それでその晩《ばん》は一所懸命神想観《いっしょけんめいしんそうかん》をされて、どうにか治《なお》してあげたい思いで神様《かみさま》に念《ねん》じられたのでした。ところがそうして三日程《みっかほど》経《た》って今《こん》

加持祈禱　病気や災難を除くために神仏に祈ること

度《ど》はどうしても生長《せいちょう》の家《いえ》のパンフレットを持って行《い》って読ませて上《あ》げたくて仕方《しかた》なくなって来《き》たのです。矢《や》も楯《たて》もたまらないので、生長《せいちょう》の家叢書《いえそうしょ》一揃《そろい》を神戸支部《こうべしぶ》まで買いに行《ゆ》かれましたところが、六冊《さつ》しか残ってない。まあ六冊でも読んでもらえばいいとこう思われて、その六冊を持って県立病《けんりつびょう》院《いん》へ出掛《でか》けて行《ゆ》かれたのであります。どういって逢《あ》おうかと、行《ゆ》くには行《い》ったが、さて病院《びょういん》へ着《つ》いてみると、一面識《めんしき》もない人《ひと》ではあるし、本を持って行《ゆ》けばまるで本の押し売りにでも行《ゆ》くようでとてもばつが悪い。自分《じぶん》の立場《たちば》を考えれば随分具合《ずいぶんぐあい》の悪い話ですが、人一人《ひとひとり》を救《すく》うと思えばそんなことは考えていられないと思われて、つき添《そ》っている看護婦《かんごふ》を呼《よ》んでもらって、「是非逢《ぜひあ》いたいのだが、逢《あ》わして頂《いただ》けまいか」と話されたのです。すると看護婦がいうには、「あの方《かた》は三日前《みっかまえ》から不思議《ふしぎ》と急《きゅう》に快《よ》くなられまして、今日《きょう》などは退屈《たいくつ》して困《こま》っていられますから、きっとお喜《よろこ》びになりましょう。どうぞお上《あが》り下《くだ》さい」というのです。看護婦は知り合いの人でも来《き》たかと思ってい

生長の家叢書　『生命の實相』から一部分を抜き出し、テーマごとに編纂して刊行された全十一冊の冊子シリーズ

ばつが悪い　きまりが悪い

るらしいのです。石橋《いしばし》さんは、バツが悪いが勇気《ゆうき》を鼓《こ》して病室《びょうしつ》へ這入《はい》って行《ゆ》かれると、瀕死《ひんし》だといわれていた病人《びょうにん》が大変元気《たいへんげんき》で、「よく来《き》てくれた」というのです。そこで石橋さんは「実《じつ》はあなたのお知《し》り合《あい》の某《なにがし》さんという方《かた》に私はいろいろお世話《せわ》になっています。そして先日《せんじつ》、その方《かた》のところへ参《まい》りまして、あなたのお話をきいたのでした。あなたがひどい御病気《ごびょうき》で苦しんでいられるというので、私もこの本を読んで救《すく》われたのですからあなたも救ってお上《あ》げしたいと思ってやって来《き》たのです」といって生長《せいちょう》の家《いえ》のパンフレットを出してその一部分《ぶぶん》を読んだりいろいろと自分《じぶん》が体験《たいけん》されて来《き》た事《こと》、又《また》その他《た》たくさんの生長の家の功徳《くどく》を説《と》いてあげられると大変に病人がよくなって来《こ》られたんです。「是非《ぜひ》この小冊子《しょうさっし》をお読みになるように」といってパンフレットを上《あ》げられて帰ろうとされますと、その御病人《ごびょうにん》は大変喜《よろこ》んで、「是非《ぜひ》近い中《うち》に又《また》話しに来《き》てくれ」といわれたのでありました。三日前《みっかまえ》迄《まで》危険《きけん》といわれていた病人が快《よ》くなって来《き》たという一昨日《さくじつ》の晩《ばん》、それは石

鼓す　奮う。起こす

橋さんが恩人《おんじん》の家《いえ》に行《ゆ》かれて病人《びょうにん》の話を聴《き》き、どうしても治《なお》してあげたいと思って一心《いっしん》に神想観《しんそうかん》をして祈《いの》られた夜《よる》と同じ晩《ばん》なのです。石橋《いしばし》さんがそうして祈られたのも、病院《びょういん》に小冊子《しょうさっし》を持って訪《たず》ねて行《ゆ》かれたのも、全然報酬《ぜんぜんほうしゅう》を求めてした事《こと》ではなかった。ただどうにかして治《なお》してあげたい、悟《さと》らしてあげたいという石橋さんの無我《むが》の愛が働《はたら》いて瀕死《ひんし》の病人を生《い》かしたのでありました。又《また》二、三日経《にちた》って、石橋さんが見舞《みま》ってあげられると、この前《まえ》にも増《ま》して病人は大元気《だいげんき》なんですが、何《なん》だか大変機嫌《たいへんきげん》が悪い。「あなた、怒《おこ》っちゃいかん、一体何《いったいなに》を怒《おこ》っているのだ」と訊《き》くと、「ここの病院の食事係《がかり》は実《じつ》に怪《け》しからん」といって大変な怒《おこ》りようなんです。「腹《はら》立てちゃいかん、腹立てたら血液《けつえき》の中《なか》に毒素《どくそ》が出来《でき》るとパンフレットにも書いてあるじゃないか、毒素が出来たら病気《びょうき》が又《また》悪くなる」というと、「しかし君《きみ》、お菜《かず》の中《なか》に油虫《あぶらむし》が入《はい》っていたんだぜ、怪《け》しからんじゃないか、病院の料理《りょうり》は油虫をいれんとカロリーが不足《ふそく》だというかも知れぬけれど（笑声起《しょうせいおこ》る）実《じつ》に

油虫　ゴキブリの別称

不《ふ》深切《しんせつ》極《きわ》まる。こんな病院《びょういん》に誰《たれ》がいるもんか、今日限《きょうかぎ》り誰《たれ》が何《なん》といったって退院《たいいん》してやるのだ」とまだ怒《おこ》っている。「いや君《きみ》は好《よ》いところに気《き》が付《つ》いた。そう早速《さっそく》退院しなさい。病院という処《ところ》は病念《びょうねん》の蓄積《ちくせき》している処《ところ》だから一日《にち》も早く退院する方《ほう》が早く治《なお》るのだからそれを勧《すす》めてあげたいと思っていたけれども、こんな事《こと》はこちらからは勧められない。しかし君がそう気がついたら一日《にち》も早く退院なさい、しかし誰《たれ》にも怒《おこ》っちゃいけない。この病院も、炊事係《すいじがかり》も、誰《たれ》も恨《うら》んじゃいけない。生長《せいちょう》の家《いえ》というのは一切《いっさい》のものと仲《なか》よしになって調和《ちょうわ》するという教《おしえ》なのです。考えても御覧《ごらん》なさい、炊事係の不注意《ふちゅうい》からかも知れないけれども、食事《しょくじ》の中《なか》に油虫《あぶらむし》が入《はい》っていたればこそ、あなたが退院する気持《きもち》になったんじゃありませんか。もし油虫が入《はい》っていなかったら、あなたはまだまだこんな病念《びょうねん》の蓄積した処《ところ》から退院しなかったかも知れない。食事の中《なか》に油虫がいたればこそ、こんなに早く君は退院する気になったのだから、油虫は、いわば恩人《おんじん》じゃないか、そう思うと有難《ありがた》い油虫《あぶらむし》だと手を合《あわ》して拝《おが》まねばならん」（拍手起《はくしゅおこ》る）と懇々《こんこん》といってあげられた。そうすると、ほんとにそうであった、成《な》る程有難《ほどありがた》いことであった、それを恨《うら》んでいたというのは私の間違《まちが》いだった、この世《よ》の中《なか》にはどこにも有難《ありがた》いことがあるのだと気《き》が付《つ》かれたのでありました。そしてはじめて御自分《ごじぶん》のお家《うち》の住所《じゅうしょ》を明《あき》らかにして、「退院《たいいん》して後《のち》もどうぞ遊びに来《き》てくれるように」といって石橋《いしばし》さんにも大変《たいへん》に感謝《かんしゃ》されたのでありました。これは真実《ほんとう》の話です。こうして、石橋さんは無我《むが》になってすべてを神のお示しに委《ゆだ》ねた時《とき》にたくさんの病人《びょうにん》を救《たす》けるというだけではなく、経済的《けいざいてき》にも実《じつ》に都合《つごう》よくなって来《き》たのでありました。その次に生長《せいちょう》の家誌友会《いえしゆうかい》がありました時に石橋さんはこういって話されました。「私は非常《ひじょう》に窮迫《きゅうはく》から救われたばかりでなく、私自身《わたしじしん》が慢性《まんせい》として持っていた大きな病気《びょうき》から救われたということを告《こく》白致《はくいた》しませんでしたが、今日皆《こんにちみな》さんの前《まえ》に告白致します。実《じつ》は喘息《ぜんそく》が私の持《じ》病《びょう》だったのです。それは毎日一定《まいにちいってい》の時間《じかん》に朝目がさめるとぜーぜーやって来《き》

懇々と　心をこめて丁寧に説くさま

窮迫　経済的に行き詰まって生活に困っている状態

慢性　急激な症状の変化はないが治りにくく、経過が長引く状態

てとても苦しくて堪《たま》らない。それが一時間位経《じかんぐらいた》つと次第《しだい》に静《しず》まって楽《らく》になって来《く》るのです。それからやっと顔《かお》を洗って御飯《ごはん》を食べ仕事《しごと》をし出すといった具合《ぐあい》にしていましたが、鍼灸《しんきゅう》の鞄《かばん》を持って歩くのが関《せき》の山《やま》で、バケツに水を入れて持ったらもう咳《せき》が出てゼーゼー始《はじ》めて大変《たいへん》だったのです。それが知らない間《ま》にすっかり治《なお》っている。治《なお》っているという事《こと》をこの間《あいだ》やっと気がつきました」と話し出されました。石橋《いしばし》さんのお家《うち》は坂《さか》の下《した》の夢野橋《ゆめのばし》の袂《たもと》にあるのです。そして夢野橋からずーっと坂を上《のぼ》って行《ゆ》くと熊野神社《くまのじんじゃ》へ出るようになっている。それがかなり急《きゅう》な坂なのです。或日《あるひ》のこと石橋さんが見ておられますと、その坂の下《した》のところへ、小さい小僧《こぞう》さんがサイダーの瓶《びん》を足《あし》踏《ぶ》みのリヤカーに一杯《いっぱぃっ》積んでやって来《き》て、その坂を登《のぼ》ろうとするが、どうしても登れないで困《こま》っているんです。そいつを見ていると、あんまり気《き》の毒《どく》で、どうしても手伝《てつだ》ってやりたい気がして来《き》た。その坂の中途《ちゅうと》に青物市場《あおものいちば》があるのですがこの小僧きっとあの市場《いちば》へ行《ゆ》くんだろう、あそこ迄《まで》は三丁位《ちょうぐらい》

関の山　それ以上できないという限度。精一杯

小僧　商店などで働いている少年店員。丁稚(でっち)
リヤカー　rear car　自転車に連結したり人力で引いたりして荷物を運搬する車
青物市場　野菜や果物など、青果物を取引する市場
三丁　約三二七メートル。三町。一町は約一〇九メートル

しかないんだから、あの辺《へん》までなら押《お》して行《い》ってやろうと、心の中《うち》で見当《けんとう》をつけて「俺《おれ》が一《ひと》つ車を押してやろう」といってリヤカーをうしろから押してやられた。何《なに》しろ急《きゅう》な坂道《さかみち》ですからちょっとでも力《ちから》をぬくことが出来《でき》ないのです。少しでも力をゆるめると、車はずるずると戻《もど》って来《く》る。「あの市場《いちば》まで、もうあと少し」と思って一所懸命《いっしょけんめい》押して市場まで行《い》ったんですが、小僧《こぞう》は停《と》まろうとしない。石橋《いしばし》さんは当《あて》が外《はず》れてしまったんですが、中途《ちゅうと》でやめるわけにもゆかないから仕方《しかた》なく押して行《ゆ》かれた。そしてやっと熊野権現《くまのごんげん》の神社《じんじゃ》へついたのです。が、権現《ごんげん》へ着いても小僧はとまらない。道《みち》はちょうど権現《ごんげん》のところから二叉《ふたまた》に岐《わか》れていて右は下《くだ》り坂《ざか》、左は上《のぼ》り坂《ざか》になっている。小僧、どっちを選《えら》ぶか右を選ばないかなと思っていると左の坂道を登《のぼ》り出《だ》したんです。石橋さんオヤオヤと思った。（笑声《しょうせい》）三丁《ちょう》の予定《よてい》がとんだことになってしまったなと思ったが、已《や》むを得《え》ず押して行《ゆ》くと、二丁半位《ちょうはんぐらい》坂を登ったところにある空地迄《あきちまで》行《ゆ》きついたのです。すると小僧さんが石橋さんを振《ふり》返《かえ》って、「おじさん、ここで少し休もうや」といって傍《そば》にあった石に腰《こし》を下《おろ》した。「やれやれ、ひとやすみ」と思って石橋《いしばし》さんも傍《かたわ》らの石に腰を下《おろ》されると、小僧《こぞう》が「おじさん、どこ迄《まで》ついて来《く》る気や」というんです。「どこ迄《まで》ってお前《まえ》が行《ゆ》くところ迄《まで》押してってやろうと思ってここ迄《まで》押して来《き》たんだ」「そうか、私の家《うち》はもうじきそこだから、おじさんもう帰ってもよいよ」とこういう挨拶《あいさつ》なのです。一言《ごん》の礼《れい》もいわない。しかしそれに対《たい》して石橋さんは「あ、そうか」といったきり、別《べつ》に腹《はら》も立たない。そこ迄《まで》行《ゆ》くと普通《ふつう》の人《ひと》とは余程心境《よほどしんきょう》が異《ちが》っている。「それじゃ帰るよ、さよなら」と言って坂を下《お》りて来《き》て、ふと気がついたことには、自分《じぶん》の喘息《ぜんそく》が綺麗《きれい》に治《なお》っていることなんです。これ迄《まで》バケツの水一杯《ぱい》を持っても喘息《ぜんそく》が起《おこ》るという始末《しまつ》なのに、七丁《ちょう》に余《あま》る坂道《さかみち》を、しかも重い車《くるま》を少しも休まずに押して上《あが》ったのに一《ひと》つも苦しくも何《なん》ともない。「成《な》る程《ほど》、これは神様《かみさま》が病気《びょうき》の治《なお》ったことを知らしてやろうと思ってあの小僧を遣《つか》わし給《たま》うたのだ。あの小僧は天《てん》の使《つかい》だったのだ」と、礼《れい》もいわないで帰って往《い》った小僧《こぞう》の後《うしろ》から思わず石橋《いしばし》さんは手を合《あわ》して拝《おが》まれたのであります。こうして石橋さんの周囲《しゅうい》には到《いた》る処《ところ》に天国《てんごく》浄土《どじょう》が現《あらわ》れて来《き》た。実《じつ》に三界《がい》は唯心《ゆいしん》の所現《しょげん》であって、こちらの心一《ひと》つで礼もいわない小僧が天の使《つかい》にもなり、又自分《またじぶん》の心が鬼《おに》になればいくら礼《れい》をいわれても腹《はら》が立って来《く》る、吾《わ》が心の中《うち》に天国《てんごく》もあれば地獄《じごく》もあるのであって自分《じぶん》の心一《ひと》つで天国も地獄も現《あらわ》すことが出来《でき》るのであります。

ところがどういうものか或《あ》る日《ひ》のこと石橋《いしばし》さん、もう根治《こんち》していたはずの喘息《ぜんそく》が起《おこ》って来《き》た。一体《いったい》どうしたことかと考えてみられると、今迄《いままで》石橋さんは貧《まず》しく暮《くら》しておられたので、前《まえ》の妻《つま》の娘《むすめ》さんをミシンの工場《こうば》か何《なに》かに賃金《ちんぎん》かせぎに出しておられたのですが、その工場のお内儀《かみ》さんがお腹《なか》が大きい。産婆《さんば》の数《かぞ》え違《ちが》いかも知れないけれども何《なん》でも赤《あか》ん坊《ぼう》が十二ヵ月《げつ》とかお腹《なか》に這《は》入《い》っていてお産《さん》はきっと難産《なんざん》だろう、もしかすると死産《しさん》かも知れないと言われていたのです。ところが或《あ》る日《ひ》のこと、お嬢《じょう》さんが工場から帰って来《き》て

産婆　助産婦、助産師の旧称

「お父《とう》さん、お金頂戴《かねちょうだい》」というのです。「お金《かね》ってどうするんだ」「工場《こうば》の奥《おく》さんは今晩《こんばん》あたり生《うま》れるらしいんでお祝《いわい》の品《しな》買って来《こ》ようと思うの」「お祝《いわい》なら、生《うま》れてしまってから買いにいったらよいではないか」「だってお友《とも》達《だち》と約束《やくそく》してお友達がそこで待ってるんですもの」という。「お友達と待ち合わせているなら仕方《しかた》がない」というので娘《むすめ》さんにいくらかお金《かね》を渡《わた》された。そして娘さんが出て行《ゆ》くと間《ま》もなく石橋《いしばし》さんはぜーぜー喘息《ぜんそく》で苦しみ出したのです。そこで石橋さんが考えられるのにどういう心の間違《まちが》いなのか、生長《せいちょう》の家《いえ》では病気《びょうき》は皆《みな》心の迷《まよ》いだというが、一体《いったい》どういうわけなのかといろいろ思《おも》い廻《めぐ》らしてみられるけれども気がつかない。その上《うえ》いつもの喘息《ぜんそく》だったら一時間位《じかんぐらい》で治《なお》るはずなのに翌日《よくじつ》になっても一向《いっこう》によくならないで床《とこ》に就《つ》いておられたのでありました。やがて昼すぎて夕方《ゆうがた》近く娘さんが工場から仕事《しごと》を終《お》えて帰って来《き》たので石橋さんは枕《まくら》から頭《あたま》をあげて「どうだ、奥さんのお産《さん》はすんだかね」と思わず訊《き》いてその瞬間《しゅんかん》、「はっ」と思われた。というのは「お産《さん》はすんだかね」といった次《つぎ》に、「どうだったかね。赤《あか》ん坊《ぼう》は死んで生れやしなかったかね」ともう少しで訊《き》こうとしてハッと気が著《つ》かれたからでありました。ああ成《な》る程《ほど》病気《びょうき》を起《おこ》した心はここであった。気がつかなかったが自分《じぶん》はまだこんな人《ひと》を憎《にく》む心を起《おこ》していたのだった。昨日《きのう》あの娘《むすめ》がお父《とう》さん金《かね》をくれといった時《とき》、生《うま》れてからお祝《いわ》いは持って行《ゆ》けば好《よ》いといったのは「もし死産《しさん》だったら無駄《むだ》になるではないか」という気持《きもち》であったのだ。それだのに娘は親《おや》のいうことをきかないで友達《ともだち》と約束《やくそく》があるから是非《ぜひ》祝物《いわいもの》を買わねばならぬといって出て行った。その時「もし子供《こども》が死んで生《うま》れたらばいい気味《きみ》だな、そして親のいうことをきかなかったから、ほらこの通《とお》り無駄になったではないか、ということになって好《い》い気味《きみ》だな」という考えがほんのちょっと心を掠《かす》めた。それはすぐ消え去ってしまった思いではあったのですけれども、娘さんに思わず「死んで生《うま》れやしなかったか」と訊《き》きかけた時、ハッと反省《はんせい》されたのでありました。「自分の心にはまだ鬼《おに》の心が残っていた。すまないことだ、娘《むすめ》の世話《せわ》になっている人《ひと》がお産《さん》をするというなら、しかも難産《なんざん》かも知れないということなら自分《じぶん》はその人のために一所懸《いっしょけん》命祈《めいいの》らなければならないはずであったのに、逆《ぎゃく》の念《ねん》を起《おこ》していたりしたことは何《なん》とも申《もう》し訳《わけ》のないことであった」という気持《きもち》になられて、心の中《うち》で深く謝罪《しゃざい》されると、突然《とつぜん》、まるでつき物《もの》が落ちたかのようにすーっと喘息《ぜんそく》が落著《おちつ》いて来《き》てそのまま治《なお》ってしまったのでありました。吾々《われわれ》の心の間違《まちが》いというものは実《じつ》に不思議《ふしぎ》なのです。心のまちがいを正《ただ》すと病気《びょうき》は治《なお》りますが慢性《まんせい》病《びょう》を持っている方《かた》は、そこに弱点《じゃくてん》があり、間違《まちが》いの心の表現《ひょうげん》の出口《でぐち》があるので、また少し間違《まちが》いの心を起《おこ》すとたちまちにしてその部分《ぶぶん》の病気が現《あら》われて来易《きやす》いのであります。

この間《あいだ》もこういう話がありました。横浜《よこはま》に住まれる飛田《とびた》さんという方《かた》が先《せん》日《じつ》の誌友会《しゅうかい》に来《こ》られて演説《えんぜつ》されたのでありました。その話というのはこうなんです。飛田さんの姉《ねえ》さんは生長《せいちょう》の家《いえ》で救《すく》われまして、それ以来大変熱心《いらいたいへんねっしん》になって自分《じぶん》の知人《ちじん》、親戚《しんせき》と、みんなに『生長《せいちょう》の家《いえ》』誌《し》の普及版《ふきゅうばん》を配ったり、訪《たず》ねて行って説教《せっきょう》したりして一所懸命《いっしょけんめい》ですすめておりました。ところが遠い親類《しんるい》に長いこと病気《びょうき》で寝《ね》ている人《ひと》があったのです。それでその姉《ねえ》さんは三日間《みっかかん》つぶすつもりでその遠い親類の家《いえ》へ出掛《でか》けて行《い》って、病人《びょうにん》にいろいろと生長の家の話をしてあげたのでした。人間《にんげん》は神の子であって病気などは本来無《ほんらいな》いものである。それだのに病気に罹《かか》ると医者《いしゃ》よ薬《くすり》よと大騒《おおさわ》ぎする、薬なんていうものは物質《ぶっしつ》で、物質に生命《せいめい》はない。その物質に病気を治《なお》すなんてことは出来《でき》るはずがないではないか、といって説教していた。そこへその家《うち》の息子《むすこ》さんが薬を買って持って帰って来《き》た。そして姉《あね》が薬は要《い》らぬ話をしている現場《げんば》へ来《き》てブッつかったのです。姉が夢中《むちゅう》になって薬など効《き》かぬと話しているところへ息子さんが薬を持って帰って来《き》たので、さあ変《へん》な取《と》合《あわ》せになってしまった。息子さんは姉の話を聞いてさあ承知《しょうち》しない。「私がこんなに一所懸命《いっしょけんめい》になって手段《しゅだん》をつくして母《かあ》さんを治《なお》してあげようと思っているのに、あんたは私のしていたこと一切《いっさい》が無駄《むだ》なことのようにいう、あなたはたった一日《にち》の説教《せっきょう》で私の長い間《あいだ》の苦労《くろう》を覆《くつが》えして、一日《にち》で私の母へ恩《おん》を売ろうとするのか」と激《はげ》しく反駁《はんばく》して来《き》て、そこに薬瓶《くすりびん》を投げつけるという始末《しまつ》です。姉《あね》はただ病人《びょうにん》を治《なお》してやりたい一心《いっしん》で来《き》たのに、ひどい思《おも》い違《ちが》いをされたもので口惜《くや》しくて口惜《くや》しくて仕方《しかた》ない。ともかく、その夜《よ》は親類《しんるい》の家《いえ》へ泊《とま》ったけれども、夜《よ》の目《め》も眠《ねむ》れずに口惜《くや》しい、残念《ざんねん》だと思《おも》い悩《なや》んだのでした。さて翌朝《よくちょう》手を見ると、右手に饅頭大《まんじゅうだい》の腫物《はれもの》が出来《でき》てるのに気がついたのです。腫《は》れ物《もの》にしては変《へん》だと思って、よくよく見ると腫物《できもの》でなくて何《なに》かで打撲《だぼく》したかのように内出血《ないしゅっけつ》しているんです。姉はそれを見たときに七年前《ねんぜん》手の甲《こう》に打撲傷《だぼくしょう》を負《お》うて内出血したことを思い出したのです。それが七年後《ねんご》になってその通《とお》りの形《かたち》に現《あらわ》れて来《き》たのです。心の動き一《ひと》つで七年《ねん》前《ぜん》の内出血が再現《さいげん》した。一晩《ひとばん》口惜《くや》しい思いをしたら翌朝《よくちょう》、その心の痛《いた》みが七年前《ねんぜん》そのままの姿《すがた》で内出血の痣《あざ》として現《あらわ》れたのであります。そのとき姉は思ったのです。生長《せいちょう》の家《いえ》では肉体《にくたい》は心の影《かげ》と教《おし》えられている。これは私の心の現《あらわ》れに違《ちが》いない、ほんとにそうだった、生長の家で私は、いつも何事《なにごと》にもひっかかるなと教えられていた。善《ぜん》にもひっかかるな、善《ぜん》にでも心が執《しゅう》して凝《こ》り固《かた》まってしまったら悪になるという。私はあんまりこの病人《びょうにん》を救《すく》ってあげたいということに心をひっかからしていたのだ、すまないことであったと姉《あね》は気が付《つ》いて、お詫《わ》びの心で手の腫《は》れをさすっていますと腫《は》れはすーっとひいてしまったが、紫色《むらさきいろ》の痣《あざ》だけまだかすかに残っていたのでありました。その日《ひ》に姉は横浜《よこはま》の家《いえ》へ帰って来《き》まして、飛田《とびた》さんにその手を出して見せて、「お前《まえ》これがわかるか」といった。飛田さんが見ると、七年前《ねんぜん》に手の甲《こう》を打撲《だぼく》してこんなに腫《は》れたことがあったのを思い出した。そこで「姉《ねえ》さんこれは七年前《ねんぜん》の怪我《けが》と同じだが、一体《いったい》どうして七年前《ねんぜん》の怪我《けが》が今頃《いまごろ》出て来たんですか」と飛田さんが訪《たず》ねますと、「どうしてかお前に分《わか》らないか」といって、前夜《ぜんや》の話を私にいってきかせ、一晩中口惜《ひとばんじゅうくや》しいと思いつづけたその思いが現《あらわ》れて内出血《ないしゅっけつ》を起《おこ》したのだ。ほんとうにこの肉体《にくたい》は心の現《あらわ》れですよといって、今更《いまさら》ながら生長《せいちょう》の家《いえ》の真理《しんり》の本当《ほんとう》なのに感心《かんしん》した、とのことでありました。と先《ま》ずこういったお話を誌友会《しゆうかい》の時飛田《ときとびた》さんがされたのでありました。これで「心で内出血を起《おこ》す」ということがはっきりと分《わか》るではありませんか。さすれば肺《はい》の喀血《かっけつ》にも心が重大《じゅうだい》な役割《やくわり》を演《えん》じていることは至《いた》って明瞭《めいりょう》であります。真《しん》に心を無視《むし》して、喀血《かっけつ》ばかりではない、すべての病気《びょうき》を治《なお》すことは出来《でき》ないという事実《じじつ》は一たん治《なお》っていた内出血を七年後《ねんご》に心の働《はたら》き一《ひと》つによって又《また》同じように起《おこ》すことが出来たというこの飛田《とびた》さんの実話《じつわ》や、又先刻《またせんこく》の石橋《いしばし》さんの喘息《ぜんそく》の話によっても明《あき》らかであると思うのであります。

ここにもう一《ひと》つ、内出血を瞬間的《しゅんかんてき》に治《なお》されたという方《かた》の話をして、今日《きょう》の講演《こうえん》を終《お》わりたいと思います。これは慶応医科大学《けいおういかだいがく》の解剖学教室《かいぼうがくきょうしつ》に勤務《きんむ》していられた降屋毅一《ふるやきいち》さんの談《はなし》でありますが、この降屋《ふるや》さんが或日《あるひ》犬に足をか

さすれば　そうすると。とすれば

慶応医科大学　明治六年に設立された慶応義塾医学所に始まり、大正七年に慶応義塾大学医学部および大学病院が開設された。昭和二十七年に新制の医学部が発足した

解剖学　生物体の正常な形態と構造とを研究する医学の一分野

まれたのです。その犬は或《ある》いは狂犬《きょうけん》かも知れないというので予防注射《よぼうちゅうしゃ》をされたのです。狂犬病《きょうけんびょう》の予防注射は十八日間継続《にちかんけいぞく》してやらなければきかないのだそうですが、十二、三日間注射《にちかんちゅうしゃ》をされると、突然発熱《とつぜんはつねつ》して体温《たいおん》が四十度《ど》にも昇《のぼ》ってしまった。それで驚《おどろ》いて友人《ゆうじん》の医者《いしゃ》に診《み》てもらわれると、チフスの疑《うたが》いがあるというので到頭隔離室《とうとうかくりしつ》へ放《ほう》り込《こ》まれてしまったのです。そしていろいろ血液反応《けつえきはんのう》を調《しら》べてみるとチフスの陽性反応《ようせいはんのう》があるというのですが、菌《きん》を培養《ばいよう》してみると、どうしても培養が出来《でき》ないので、これはチフスではないかも知れないということになって来《き》た。すると不思議《ふしぎ》なことに、その頃《ころ》からだんだん足が痺《しび》れて来《き》て、その痺《しび》れがだんだん上《うえ》に昇《のぼ》っていって、胸《むね》のあたりまでその無感覚《むかんかく》な痺《しび》れが上《あが》って来て、遂《つい》には両手《りょうて》の感覚《かんかく》もなくなり、首のところまで痺《しび》れたと思うと人事不省《じんじふせい》に陥《おちい》って一週間《しゅうかん》も昏々《こんこん》と眠《ねむ》り続けてしまったのです。そして一週間たってやっと意識《いしき》を回復《かいふく》された。自分《じぶん》ではせいぜい二日位《ふつかぐらい》しか寝《ね》たような覚《おぼ》えがないのだそうです。それ以後数年間《いごすうねんかん》も

狂犬病　狂犬病ウイルスによって起こる感染症

チフス　チフス菌による伝染性感染症。発熱等の症状が現れ、小腸に潰瘍ができる

陽性反応　検査などで、病原体などが存在する反応が現れること

培養　動植物の胚や組織または微生物を人工的に増殖させること

人事不省　昏睡状態に陥り、意識を失うこと

かかって全身《ぜんしん》の痺《しび》れが上《うえ》からだんだんにとれて胸骨《きょうこつ》の下端《かたん》の少し上辺《じょうへん》まで感覚《かんかく》が出《で》て来《き》たのですが、相変《あいかわ》らずいつ迄《まで》たっても胸《むね》から下《した》は石みたいに痺《しび》れていたのでありました。そこへ或《あ》る日《ひ》、『生命《いのち》の烈風《はやて》』(『生命《せいめい》の實相《じっそう》』第《だい》三巻《かん》に当《あた》る)という本を持って、服部仁郎《はっとりにろう》さんが訪《たず》ねて行《ゆ》かれた。そして生《せい》長《ちょう》の家《いえ》の話をされたのでありました。最初服部《さいしょはっとり》さんが訪ねられた時《とき》には、感覚がないものですから、坐《すわ》らせてもらっても、コロリと転《ころ》がってしまう。ところが服部さんが三回《かい》、真理《しんり》の話をされましたら、不思議《ふしぎ》に坐《すわ》らせても転《ころ》ばなくなったのです。感覚も胸骨《きょうこつ》の下端《かたん》の剣状突起《けんじょうとっき》までおりて来《き》た。降屋《ふるや》さんは大喜《おおよろこ》びです。ところがそこ迄《まで》は進んでも、それ以来《いらい》少しも進歩《しんぽ》がない。それで私の所《ところ》へ一回来《かいこ》られて、「これ以上治《いじょうなお》りが進行《しんこう》しないのはどういうわけだろう、『生命《せいめい》の實相《じっそう》』も、もう何回《なんかい》も繰返《くりかえ》して読んだのに」と尋《たず》ねられました。それで私が「しかしあなたの足はちゃんと生きているではありませんか、生きてるのに感覚がないのですか」と申《もう》しますと「いや、いくら

胸骨　胸の前方中央にあり、肋骨を連接する骨

『生命の烈風』　昭和九年、生命の藝術社発行。翌年に発行された『生命の實相』全集第三巻「聖霊篇・実証篇」

第三巻　本全集では第八〜十巻「聖霊篇」と第十一巻「実証篇」

服部仁郎さん　明治二十八〜昭和四十一年。彫刻家。救世観音、如意輪観音などの名作を生んだ。著者の妻である谷口輝子夫人ほか複数の信徒が霊視した神姿を再現して神像を制作。評伝に『今を生きる』がある。本全集第八巻「聖霊篇」上巻第一章等参照

剣状突起　胸骨の下端に続く薄い扁平な突起

生きてるじゃないかといわれても、自分《じぶん》で自分の足を触《さわ》ってみて、触《さわ》ってるのかどうかそれも分《わか》らないのです」といわれるのです。そして、「足がたたないというのは脊髄《せきずい》の影響《えいきょう》だと医学的《いがくてき》にはいうのです」と話された。そこで又《また》私が申《もう》しました。「解剖学《かいぼうがく》からいうと、脊髄骨《せきずいこつ》は大脳《だいのう》という人体《じんたい》の大元《おおもと》からソロバン玉《だま》のようにずっとつながっているという、その骨《ほね》の中《なか》の髄《ずい》にあなたは欠陥《けっかん》があるために足が立たないとこういわれているのです。足というのは大地《だいち》から立つものです。足あり大地あって、はじめて吾々《われわれ》はこうして起《た》っている。つまりあなたが立てないというのは脊髄《せきずい》の方《ほう》からいうと大元《おおもと》につづくものに欠陥があり、足の方《ほう》からいうと自己《じこ》を大地によって立たしめているところに欠陥がある。大地とは要《よう》するにあなたの御先祖《ごせんぞ》のことです。吾々《われわれ》は大地あって起《た》ち、先祖《せんぞ》あって起《た》つのです。これ迄《まで》祖先《そせん》の祭《まつり》をおろそかにしているようなことがあるに違《ちが》いないと思うが、帰られたら御先祖に『甘露《かんろ》の法雨《ほうう》』をよく誦《よ》んで上《あ》げて下《くだ》さい」と申したのであります。そしてよく伺《うかが》

脊髄　背骨の中を通る灰白色の神経中枢

解剖学　生物体の正常な形態と構造とを研究する医学の一分野

ってみるところの降屋《ふるや》さんは次男《じなん》さんで養子《ようし》なんだそうです。ところが養子に来《く》るについて親《おや》の反対《はんたい》を無理無理押《むりむりお》し切《き》って来《こ》られたもので御自分《ごじぶん》の家《うち》とは義絶同様《ぎぜつどうよう》になっているというお話なのです。「それが悪い、あなたは御自分《ごじぶん》の出た家《いえ》の元《もと》の先祖《せんぞ》をよく祀《まつ》り、お詫《わ》びをして聖経《せいきょう》『甘露《かんろ》の法雨《ほうう》』をあげなさい」と私が申《もう》しますと、降屋《ふるや》さんは医学者《いがくしゃ》には珍《めず》らしい素直《すなお》な方《かた》でありまして、私のいって差上《さしあ》げた通《とお》りにされたら、不思議《ふしぎ》なことに、どうしても治《なお》らなかった足の痺《しび》れがとれて、感覚《かんかく》が出《で》て来《き》ました。それで病院《びょういん》は今日限《きょうかぎ》り退院《たいいん》する、今度《こんど》病院へ来《く》る時《とき》は歩いて来ると宣言《せんげん》して、今家《いまうち》へ帰る途中《とちゅう》ですといって先日《せんじつ》お礼《れい》に来《こ》られたのでありました。そしてそれ迄《まで》感覚がなかったばかりではない、数年《すうねん》も無感覚《むかんかく》で伸《の》ばしたままでいたためか、足のひかがみの所《ところ》に贅肉《ぜいにく》が出来《でき》ていて、人《ひと》に坐《すわ》らせてもらってもその贅肉《ぜいにく》が邪魔《じゃま》になって足が曲《まが》らなかったのが、知らん中《うち》にその贅肉《ぜいにく》がとれてしまって楽《らく》に坐《すわ》らせてもらえば坐《すわ》れるようになった、大《たい》した進歩《しんぽ》です、といって大変《たいへん》喜《よろこ》ばれた

義絶　親子や兄弟などの縁を絶つこと

ひかがみ　膝の後ろのくぼんでいるところ

のでありました。この降屋《ふるや》さんの紹介《しょうかい》で今では慶応《けいおう》のお医者《いしゃ》さんには『生《せい》命《めい》の實相《じっそう》』を読んでいられる方《かた》が大分《だいぶ》いられるということであります。この降屋《ふるや》さんのお友達《ともだち》に病理学専門《びょうりがくせんもん》の医者がある。この方《かた》も降屋《ふるや》さんにすすめられて生長《せいちょう》の家《いえ》へ入《はい》られたのでありますが、或《あ》る時《とき》高い所《ところ》から落ちて大腿《だいたい》部《ぶ》を横《よこ》からひどく打って太股《ふともも》の側面全体《そくめんぜんたい》に内出血《ないしゅっけつ》されたのでありました。大分酷《だいぶひど》い内出血で血腫《けっしゅ》が出来《でき》ていた。ところがこの病理学のお医者さんが、『生命《せいめい》の實相《じっそう》』を読んでいられると、そこには肉体《にくたい》は心の影《かげ》であるということが実《じつ》に懇切《こんせつ》に説明《せつめい》されている。それを読んでいられる中《うち》に成《な》る程《ほど》この傷《きず》も心の影であった、これ迄自分《までじぶん》の傷は外《そと》から受けた傷だと思っていたが、これはそうではないのであって、外傷《がいしょう》もやはり心の影であったとふと気がつかれたのでした。そしてその傷を見たくなって見られるとどこにも点《てん》も斑点《はんてん》もなければしみもない。先刻迄《さっきまで》紫色《むらさきいろ》に一部分《ぶぶん》は血痣《ちあざ》になっていた傷がいつのまにか綺麗《きれい》に消えて、全《まった》くの健康《けんこう》な皮膚《ひふ》になっていたのでありました。こ

病理学　病気の原因や成り立ちを研究する学問

大腿部　腰から膝までの間の部分。ふともも

血腫　内出血のため体内の一ヵ所に多くの血液がたまってこぶのように腫れあがったもの

れはお医者《いしゃ》さんが御自分《ごじぶん》の体《からだ》で体験《たいけん》してみて、吃驚《びっくり》されたのであります。そして、他《た》の友達《ともだち》にいったところで物質万能《ぶっしつばんのう》の医者ばかりで解《わか》りはしないからいわないで黙《だま》っていたけれど、降屋君《ふるやくん》、君《きみ》なら僕《ぼく》の内出血《ないしゅっけつ》が治《なお》ったということを理解《りかい》するだろうといってこの話をなされたそうであります。勿論《もちろん》、医《い》学上《がくじょう》でも内出血は吸 収《きゅうしゅう》するものだそうですが、それは徐々《じょじょ》で、全《まった》く瞬間的《しゅんかんてき》にこんなヒドい内出血を吸収してしまうことは奇蹟《きせき》だそうであります。奇蹟といえば奇蹟ともいえましょうが、生長《せいちょう》の家《いえ》の立場《たちば》からいったら少しも奇蹟ではない。この肉体《にくたい》をありと思えばこそ、そこに現《あらわ》れた内出血を吸収するにはいろいろの物質的順序《ぶっしつてきじゅんじょ》があって徐々《じょじょ》に吸収する。しかし、肉体は影《かげ》だと分《わか》ったら影ならフィルムをかけかえた瞬間《しゅんかん》に治《なお》るのだから不思議《ふしぎ》ではない。要《よう》するに物質は本来《ほんらい》ない、肉体は心の影であり、三界《がい》は唯心《ゆいしん》の所現《しょげん》でありまして、石橋《いしばし》さんの境遇《きょうぐう》も心の所現《あらわれ》、降屋《ふるや》さんの下半身不随《かはんしんふずい》も心の所現《あらわれ》、その友人《ゆうじん》の病理学者《びょうりがくしゃ》の内出血も心の現《あらわ》れということが解《わか》れば、吾々《われわれ》はこの動かしがたき不自由《ふじゆう》な物質的存在《ぶっしつてきそんざい》だと思われていた環境及《かんきょうおよ》び肉体《にくたい》を、どのようにでも、心のままに自由自在《じゆうじざい》に支配《しはい》し、創造《そうぞう》して行《ゆ》くことが出来《でき》るのであります。長々《ながなが》とお話いたしました。これで終《お》わりといたします。

第四章　あなたは既《すで》に救《すく》われている

頭注版㉗九八頁

「大信心者《だいしんじんは》即《すなわち》仏性《ぶっしょう》、仏性即《ぶっしょうはこれすなわち》是如来《にょらい》」（『大般涅槃経《だいはつねはんぎょう》』）

『**大般涅槃経**』　釈尊の亡くなる直前の説法を記した経典

「信心《しんじん》よろこぶそのひとを
如来《にょらい》とひとしとときたまう

大信心《だいしんじん》は仏性《ぶっしょう》なり
仏性《ぶっしょう》すなわち如来《にょらい》なり」（親鸞聖人作《しんらんしょうにんさく》『弥陀和讃《みだわさん》』）

○

「煩悩成就《ぼんのうじょうじゅ》の凡夫《ぼんぷ》、生死罪濁《しょうじざいじょく》の群萌《ぐんもう》、往相廻向《おうそうえこう》の心行《しんぎょう》を獲《う》れば、即《すなわ》ちの時《とき》に大乗正定聚之数《だいじょうしょうじょうじゅのかず》に入《い》るなり。正定聚《しょうじょうじゅ》に住《じゅう》するが故《ゆえ》に滅度《めつど》に至《いた》る、必《かなら》ず滅度《めつど》に至《いた》れば即《すなわ》ちこれ常《つね》に楽《らく》なり、常楽《じょうらく》は……実相《じっそう》なり。実相は即《すなわ》ち是《こ》れ法性《ほっしょう》なり。法性《ほっしょう》は即《すなわ》ち是《こ》れ真如《しんにょ》なり。真如《しんにょ》は即《すなわ》ち是《こ》れ一如《いちにょ》なり。然《しか》れば弥陀如来《みだにょらい》は如《にょ》従《よ》り来生《らいしょう》して、報応化種々《ほうおうけしゅじゅ》の身《しん》を示現《じげん》し玉《たま》う也《なり》」

（親鸞聖人編《しんらんしょうにんへん》『顕浄土真実教行証文類四《けんじょうどしんじつきょうぎょうしょうもんるい》』必至滅度《ひっしめつど》の願《がん》）

○

「煩悩《ぼんのう》は即《すなわ》ち仮法《けほう》にして真法《しんぽう》に非《あら》ず。如来《にょらい》は真法《しんぽう》なり、実相なり、第一義諦《だいぎたい》なり。第一義諦《だいぎたい》を以《もっ》てせば一切《いっさい》に因縁所生《いんねんしょしょう》の生滅《しょうめつ》の法《ほう》なり。唯如来《ただにょらい》のみ常住《じょうじゅう》す。若《も》し夫《そ》れ煩悩の仮法《けほう》を断滅《だんめつ》せざれば如来《にょらい》の実相を得《え》ずとせば……如来《にょらい》は存《そん》

親鸞聖人　承安三～弘長二年。鎌倉時代の僧。法然の弟子で、浄土真宗を立教した
『弥陀和讃』　親鸞作『浄土和讃』中の「諸経讃」にある歌。和讃は仏の徳を讃える七五調の歌
煩悩成就　妄念や欲望にまみれたさま
凡夫　悟らぬ愚か者
生死罪濁の群萌　罪けがれに生きる人々
往相廻向の心行　阿弥陀仏による往生を願うこと
大乗正定聚　浄土に往生できる者
滅度　仏の悟り
法性　普遍の本性
真如　普遍的な真理
一如　一つであること
如　真如に同じ
来生　生まれること
報応化　仏の三身。報身・応身・化身
示現　仏や菩薩がいろいろな姿となって現れること

在《ざい》すべき法《ほう》とし、煩悩《ぼんのう》は断滅《だんめつ》すべき法とし相対《そうたい》せざるべからず。相対とは必《かなら》ず因縁所生《いんねんしょしょう》の世諦《せたい》なり。実相《じっそう》は絶対《ぜったい》なり、相対に非《あら》ず。然《しか》れば煩悩《ぼんのう》を断滅《だんめつ》せざれば無上涅槃《むじょうねはん》に到《いた》らざるが如《ごと》く説《と》き、之《これ》を信ずるは、未《いま》だ実相第一義諦《じっそうだいいちぎたい》に到達《とうたつ》せざる低級《ていきゅう》の説《せつ》にして、所謂世諦仮法《いわゆるせたいけほう》の因縁所生《いんねんしょしょう》の法なり。第《だい》一義諦《ぎたい》実相の法に於《お》ては、唯如来《ただにょらい》のみ存《そん》し、他《た》に一物《いちもつ》の在《あ》るなし。故《ゆえ》に絶対なり。是《こ》れを以《もっ》て煩悩《ぼんのう》も菩提《ぼだい》も両《ふた》つながら之《これ》を認《みと》めず、相対《そうたい》を去りたる絶対の菩提即《ぼだいすなわ》ち如来《にょらい》のみを見るなり。是《これ》を実相となす」（『大谷光瑞全集《おおたにこうずいぜんしゅう》』第《だい》五巻《かん》一六〇頁《ページ》）

○

「菩薩衆生《ぼさつしゅじょう》を観《かん》ずるに畢竟《ひっきょう》じて所有無《しょうな》し。無量《むりょう》の衆生《しゅじょう》を度《ど》すといえども、実《じつ》に一衆生《しゅじょう》として滅度《めつど》を得《う》る者《もの》なし。衆生《しゅじょう》を度《ど》さんと示すことを遊戯《ゆうげ》するが如《ごと》し。」
（親鸞聖人編《しんらんしょうにんへん》『顕浄土真実教行証文類《けんじょうどしんじつきょうぎょうしょうもんるい》四』収録《しゅうろく》の曇鸞大師《どんらんだいし》の『論註《ろんちゅう》』）

○

「他力《たりき》と云《い》うは如来《にょらい》の本願力《ほんがんりき》なり。」

『顕浄土真実教行証文類』 親鸞著。浄土真宗の根本聖典。略称は『教行信証』
仮法 実体のないこと
真法 不変の真理
第一義諦 仏教語。絶対の真理
因縁所生 因と縁との結合で生ずること
生滅 生まれることと死ぬこと
断滅 滅ぼすこと
世諦 世間的な真理
菩提 悟りの智慧
大谷光瑞 明治九～昭和二十三年。浄土真宗本願寺派第二十二世宗主
衆生 生命ある全て
畢竟じて 要するに
所有 存在するもの
度す 仏が救うこと
遊戯 遊び楽しむこと
曇鸞大師 四七六～五四二年。浄土教の祖とされる高僧
『論註』 曇鸞の著書『往生論註』の略

（親鸞聖人編《しんらんしょうにんへん》『顕浄土真実教行証文類《けんじょうどしんじつきょうぎょうしょうもんるい》二』）

「浄土真宗《じょうどしんしゅう》の信者《しんじゃ》の大多数《だいたすう》は、肉体《にくたい》が死んでからでないと極楽成仏《ごくらくじょうぶつ》出来《でき》ないと思っているが、生長《せいちょう》の家《いえ》では現世《げんせ》にいながらこのまま既《すで》に成仏《じょうぶつ》していると説《と》くのだ」と或《あ》る時《とき》私が申《もう》しましたら、「浄土真宗に於《お》ても念仏《ねんぶつ》の真信《しんしん》を起《おこ》したとき、もう正定聚《しょうじょうじゅ》に定《さだ》められ極楽成仏《ごくらくじょうぶつ》しているのも同じ事《こと》である。念仏《ねんぶつ》は報恩《ほうおん》の念仏である。あなたは真宗《しんしゅう》を本当《ほんとう》に理解《りかい》しない」といわれた方《かた》がありました。

他力成仏《たりきじょうぶつ》の浄土真宗と「生長の家」とは大変《たいへん》よく似《に》ているのであります。親鸞聖人《しんらんしょうにん》は「煩悩成就《ぼんのうじょうじゅ》の凡夫《ぼんぷ》、生死罪濁《しょうじざいじょく》の群萌《ぐんもう》、往相廻向《おうそうえこう》の心行《しんぎょう》を獲《う》れば、即《すなわ》ちの時《とき》に大乗正定聚《だいじょうしょうじょうじゅ》の数《かず》に入《い》るなり。正定聚《しょうじょうじゅ》に住《じゅう》するが故《ゆえ》に必《かなら》ず滅度《めつど》に至《いた》る」といわれましたが、正定聚《しょうじょうじゅ》の数に入《い》るというのは極楽《ごくらく》浄土《じょうど》の正会員《せいかいいん》として、いつでも極楽浄土の改札口《かいさつぐち》まで行《ゆ》けば、正会員とし

浄土真宗　鎌倉時代初期に法然の弟子親鸞によって立てられた宗派。阿弥陀仏による救済、他力本願を宗旨とする

真信　『歎異鈔』の「前序」にある言葉。阿弥陀仏の本願を信じること。真実信心の略

てその特別席《とくべつせき》がとってある約束者《やくそくしゃ》の数《かず》に入《い》るというわけであります。これを大谷光瑞《おおたにこうずい》さんなどは、船車《せんしゃ》に乗《じょう》ぜんとしてその乗車券《じょうしゃけん》を買ったようなものである。如来《にょらい》の船車《せんしゃ》は発著《はっちゃく》に何《なん》の間違《まちがい》もないから、乗車券を買ったときに、もう目的地《もくてきち》に到著《とうちゃく》したのも同じことである。だから往相廻向《おうそうえこう》の心行《しんぎょう》を獲《え》て「南無阿弥陀仏《なむあみだぶつ》」と称《とな》えるようになったときには既《すで》に極楽《ごくらく》成仏したのも同じことだという意味《いみ》のことをいっておられます。

この「成仏したのも同じこと」だというのと「成仏《じょうぶつ》した」というのとは、非常《ひじょう》によく似《に》ていまして、紙《かみ》一枚《まい》の差《さ》なのであります。もう乗車券を買ったのと、目的地に到著《とうちゃく》したのとは「同じこと」だといっても、それは目的地に到著《とうちゃく》するのに「定められている」だけであって「既に到著した」というのとは少し差があります。

「生長《せいちょう》の家《いえ》」では「既に成仏《じょうぶつ》している。既に到著《とうちゃく》している」というのであります。成仏《じょうぶつ》するのに定《さだ》められていて、この肉体《にくたい》の「臨終《りんじゅう》の一念《いちねん》の暁《あかつき》、大《だい》般涅槃《はつねはん》を超証《ちょうしょう》す」というように、正定聚《しょうじょうじゅ》に定《さだ》められてから、大般涅槃《だいはつねはん》に入《い》るまでに、「肉体《にくたい》の臨終《りんじゅう》まで」という期間《きかん》をおかないのであります。

ところが親鸞聖人《しんらんしょうにん》は「真《しん》に知りぬ。弥勒大士《みろくだいし》は等覚《とうがく》の金剛心《こんごうしん》を窮《きわ》むるが故《ゆえ》に、龍華《りゅうげ》三会《え》の暁《あかつき》に当《まさ》に無上覚位《むじょうかくい》を極《きわ》むべし。念仏《ねんぶつ》の衆生《しゅじょう》は横超《おうちょう》の金《こん》剛心《ごうしん》を窮《きわ》むるが故《ゆえ》に臨終の一念の暁、大般涅槃《だいはつねはん》を超証《ちょうしょう》す」と申《もう》され、また『正像末和讃《しょうぞうまつわさん》』の中《なか》で、「五十六億《おく》七千万《まん》、弥勒菩薩《みろくぼさつ》はとしをへん。まことの信心《しんじん》うるひとは、このたびさとりをひらくべし」と、真宗《しんしゅう》の開悟《かいご》の期間《きかん》が、一生補処《いっしょうふしょ》の弥勒菩薩《みろくぼさつ》よりもまだ早く悟《さと》りに入《い》るとしているのであります。

臨終《りんじゅう》の一念《いちねん》の暁《あかつき》に於《おい》て無上覚《むじょうかく》を得《う》るというのは弥勒菩薩《みろくぼさつ》が五十六億《おく》七千万《まん》年《ねん》の後《のち》に無上覚《むじょうかく》を得《う》るに比《くら》ぶれば成《な》る程《ほど》甚《はなは》だ早いのであります。しかし「臨終の一念《いちねん》の暁《あかつき》」となぜいわねばならないのでありましょう。大信心《だいしんじん》を獲得《ぎゃくとく》した時《とき》、その時既《すで》に吾等《われら》は弥陀《みだ》と同体《どうたい》であり、既《すで》に極楽浄土《ごくらくじょうど》にいるの

超証　仏教語。一足とびに仏の境地に達すること

弥勒大士　弥勒菩薩のこと。釈迦入滅後、五十六億七千万年後に人間界に下生して衆生を救うとされる

等覚の金剛心　修行が完成した菩薩の堅固不動な心

龍華三会　弥勒菩薩がこの世に姿を現し、龍華樹の下で三回にわたって仏法を説く席

無上覚位　仏の最高の悟りを得た位

横超　阿弥陀仏の力で迷いの世界をとびこえて、極楽浄土に往生すること

『正像末和讃』　親鸞が浄土真宗の教えを七五調の詩で讃詠した「三帖和讃」の一帖

としをへん　年月を要するであろう

開悟　真理を悟ること

であります。『正像末和讃《しょうぞうまつわさん》』に「このたび悟《さと》りを開《ひら》くべし」という「このたび」が、親鸞聖人《しんらんしょうにん》の『教行信証《きょうぎょうしんしょう》』に於《お》ては「臨終《りんじゅう》の一念《いちねん》の暁《あかつき》」になっているし、生長《せいちょう》の家《いえ》に於《お》ては、その「このたび」が如来の名号を聞信した「即時」になっているのであります。この点《てん》に於《お》て親鸞聖人《しんらんしょうにん》の「極楽成仏《ごくらくじょうぶつ》」の「このたび」を「即時《そくじ》」に凝縮《ぎょうしゅく》した点において、生長の家は親鸞《しんらん》の達《たっ》し得《え》ざりし紙《かみ》一枚《まい》の差《さ》を打破《うちやぶ》って親鸞《しんらん》を成就《じょうじゅ》する者《もの》だともいえますが、『正像末和讃《しょうぞうまつわさん》』の「このたび悟りをひらくべし」が、「即時《そくじ》悟りを開《ひら》く」との意味《いみ》であれば、親鸞聖人《しんらんしょうにん》の教《おしえ》も「生長の家」の教《おしえ》も全《まった》く一致《いっち》することになるのであります。

親鸞聖人《しんらんしょうにん》の真意《しんい》は、聖人《しょうにん》が今《いま》生《い》きていられないのでありますから、聖人《しょうにん》自身《じしん》にきいてみなければ判《わか》らないから、その著作《ちょさく》によって窺《うかが》うほかはないのでありますが、ともかく聖人《しょうにん》は「臨終の一念《いちねん》の暁《あかつき》」には成仏《じょうぶつ》する。生《せい》存中《ぞんちゅう》、阿弥陀仏《あみだぶつ》の名号《みょうごう》を聞信《もんしん》して大信心《だいしんじん》を獲得《ぎゃくとく》したときから臨終まではま

一生補処　仏教語。次の世には仏となることが約束された菩薩の位。特に弥勒菩薩を指す
獲得(ぎゃくとく)　「かくとく」の浄土真宗独自の読み方
『教行信証』　本章冒頭に引用されている親鸞著『顕浄土真実教行証文類』の略称
名号　阿弥陀仏の名、南無阿弥陀仏の称号
聞信　教えを聞いて信ずること

だ完全《かんぜん》に成仏《じょうぶつ》していない、成仏《じょうぶつ》することに断然決定《だんぜんけってい》されているから、もう「成仏《じょうぶつ》したも同じことだ」というように信じていられたように思えますが、「もう成仏《じょうぶつ》した」のと「成仏《じょうぶつ》したのと同じこと」というのとは同じことでない、やはり少々異《しょうしょうちが》うのであります。

この「もう成仏《じょうぶつ》したのだ」とハッキリいわないで「もう成仏《じょうぶつ》したのも同じことだ」という。そして本当《ほんとう》に成仏《じょうぶつ》するまでには臨終《りんじゅう》までの数《すう》十年又《ねんまた》は数年間《すうねんかん》があるという。「この臨終までの数十年又《また》は数年間」を本当《ほんとう》の成仏迄《じょうぶつまで》に何故《なぜ》置《お》いたかというと、「肉体《にくたい》」がその間《あいだ》は存続《そんぞく》しているからなのであります。大信心《だいしんじん》を獲得《ぎゃくとく》して極楽行《ごくらくゆき》の乗車券《じょうしゃけん》は買ってあるから極楽行《ごくらくゆき》は決定済《けっていずみ》であるけれども、肉体が存続している期間《きかん》は極楽《ごくらく》への実際到著《じっさいとうちゃく》は難《むつか》しいというのは、この「肉体」を、弥陀《みだ》の救済力《きゅうさいりょく》に対立《たいりつ》し得《う》るような実在《じつざい》だと、心のどこかに、思っているからであります。だから、「肉体」というものは念《ねん》の投影《とうえい》たる仮相《けそう》であって、そんなものは本来無《ほんらいな》いもんじゃと知ったら、吾々《われわれ》は、念仏《ねんぶつ》の心が起《おこ》った即時《そくじ》極楽往生出来《ごくらくおうじょうでき》るのであります。極楽往生《ごくらくおうじょう》というと、何《なに》か霊魂《れいこん》のようなものがあって、それが西方《さいほう》十万億《まんおく》土《ど》の彼方《かなた》にある極楽浄土《ごくらくじょうど》という何《なに》か公園《こうえん》のような処《ところ》の蓮池《はすいけ》の蓮華《れんげ》の花の上《うえ》へ、その霊魂が行《い》って坐《すわ》るのだろうと思っている人《ひと》もありますが、もしそうだったら、成《な》る程《ほど》、吾々《われわれ》は肉体《にくたい》の生《い》きている間《あいだ》には霊魂だけ抜《ぬ》け出《だ》してそんな十万億土《まんおくど》の彼方《かなた》まで行《ゆ》くわけに行《ゆ》かないから、臨終《りんじゅう》の一瞬《いっしゅん》までは、極楽《ごくらく》行《ゆき》の切符《きっぷ》は買っていましても、極楽行《ごくらくゆき》の汽車《きしゃ》には実際《じっさい》乗《の》り込《こ》めないわけでありますす。しかし、この考えは間違《まちが》っています。肉体は「本来無《ほんらいな》い」のであって、それは仏教《ぶっきょう》の語《ご》を藉《か》りていえば「幻《まぼろし》の如《ごと》く、幻師《げんし》の幻術《げんじゅつ》を以《もっ》て現《あらわ》せる像《ぞう》の如《ごと》き」ものであります。そんな「無《な》い肉体」があるように現《あらわ》れていようといまいと、弥陀《みだ》の救《すく》いの力《ちから》が増減《ぞうげん》するわけはないのであります。皆《みな》さん、唯今《ただいま》、眼《め》を瞑《つぶ》って「肉体は無《な》い」と観《かん》じ、そうして「南無阿弥陀仏《なむあみだぶつ》」を称《とな》えて御覧《ごらん》なさい、キリスト教《きょう》の人ならば「神と一体《いったい》」と称《とな》えて御覧《ごらん》なさい、神《しん》

西方十万億土　娑婆世界(人間界)から西方に長い距離を隔てたかなた

幻師　幻術を使う人。魔法使い

幻術　手品や魔法。奇術

道《とう》の方《かた》であれば「天之御中主神《あめのみなかぬしのかみ》と一体《いったい》だ」と考えて御覧《ごらん》なさい。眼《め》を瞑《つぶ》っているから肉体《にくたい》が無《な》いように思われ、その無《な》いように思われる程度《ていど》に従《したが》って、吾々《われわれ》は、阿弥陀仏《あみだぶつ》又《また》は神様《かみさま》と一体だということが一層《いっそう》深く感《かん》じられるのであります。それで、南無阿弥陀仏《なむあみだぶつ》と称《とな》えても阿弥陀仏《あみだぶつ》と一体である実感《じっかん》が得《え》られないのは、まだこの「肉体はある」という感じが残っているからであります。肉体はあると思えばこそ、肉体の臨終《りんじゅう》を待たねばならない。肉体は本来《ほんらい》無いということが判《わか》れば、無いものは終《おわ》りがあるはずがないから「臨終」を待つ必要《ひつよう》はない。無《な》いものに終《おわ》りがあるかと思って、その終《おわ》るのを待っていたら、結局《けっきょく》いつまで経《た》っても極楽往生《ごくらくおうじょう》出来《でき》ないのであります。無いものはどこまで往《い》っても無《な》い、だからそんなものの臨終を待たないでも、大《だい》信心《しんじん》を起《おこ》したその時《とき》、吾々《われわれ》はもう成仏《じょうぶつ》して極楽浄土《ごくらくじょうど》にいるのであります。

「大信心《だいしんじん》を起《おこ》す」と私は唯今申《ただいまもう》しましたが、それはどういうことであるかといいますと、真宗《しんしゅう》でいうなら、阿弥陀仏《あみだぶつ》の本願力《ほんがんりき》に頼《たよ》ろうという心を起《おこ》す

天之御中主神　『古事記』に記された天地のはじめに「なりませる神」

ことであります。南無阿弥陀仏《なむあみだぶつ》と称名《しょうみょう》しようという心を起《おこ》すことであります。キリスト教《きょう》でいうならば、「最早《もはや》われ生《い》くるに非《あら》ず、キリスト吾《わ》れに在《あ》りて生《い》くる也《なり》」の心を起《おこ》すことであります。

この大信心《だいしんじん》はどこから起《おこ》るかと申《もう》しますと、『大般涅槃経《だいはつねはんぎょう》』にありますように「大信心《だいしんじん》は仏性《ぶっしょう》なり、仏性即《ぶっしょうすなわ》ち如来《にょらい》なり」でありまして、大信心《だいしんじん》は、凡夫《ぼんぷ》とか衆生《しゅじょう》とかいう穢《けが》れた者《もの》が信心《しんじん》を起《おこ》して仏《ほとけ》になるというのではないのであります。「大信心は仏性なり」仏性が大信心を起すのであります。「仏性即ち如来なり」如来が大信心を起すのであります。普通《ふつう》考えられているような凡夫《ぼんぷ》が信心を起《おこ》して如来《にょらい》に等しく進化《しんか》させてもらうというのではありません。大信心《だいしんじん》が起《おこ》るというのは吾々《われわれ》の仏性《ぶっしょう》が仏性《ぶっしょう》と感応道交《かんのうどうこう》するのです。如来《にょらい》が如来《にょらい》に合掌《がっしょう》するのです。成仏《じょうぶつ》するというのは、如来《にょらい》が如来《にょらい》になるのです。何《なん》の不可思議《ふかしぎ》もないのです。「他力《たりき》というは、如来《にょらい》の本願力《ほんがんりき》なり」と親鸞聖人《しんらんしょうにん》はいわれました。本願他力《ほんがんたりき》を頼《たの》む心は、如来《にょらい》の本願《ほんがん》が吾々《われわれ》

「最早われ…」『新約聖書』「ガラテヤ人への手紙」第二章にある使徒パウロの言葉

感応道交 仏教語。仏の働きかけと、それを感じ取る人の心とが通じて相交わること

の方《ほう》へ廻《まわ》り向《むか》って来《き》て信心《しんじん》の心が起《おこ》るのであります。凡夫《ぼんぷ》であり、穢身《えしん》である「我《が》」が信心を起すのではないのであります。「起《おこ》す」と「獲《う》る」とは大《だい》分《ぶ》ちがうのであります。「起《おこ》す」というのは「我《が》」が自分《じぶん》で信心を起《おこ》すのでありまして、これは自力《じりき》であります。「獲《う》る」というのは如来《にょらい》の本願力《ほんがんりき》が廻《え》向《こう》して来《き》たのを吾々《われわれ》が得《う》るのであります。だからこの信心を得《え》まして阿弥陀《あみだ》仏《ぶつ》の名《な》を称《とな》えて「南無阿弥陀仏《なむあみだぶつ》」と称《とな》える。この称《とな》えることは一《ひと》つの行《ぎょう》であります。真宗《しんしゅう》では行《ぎょう》ということを雑毒《ぞうどく》の善《ぜん》として排斥《はいせき》し、「行《ぎょう》」なんて要《い》らないものであるといいますけれども、称名念仏《しょうみょうねんぶつ》することは一つの行為《こうい》であるから行《ぎょう》であることに変《かわ》りはない。親鸞聖人《しんらんしょうにん》もこれを「行《ぎょう》」と認《みと》めているのでありまして、「大行《だいぎょう》とは即《すなわ》ち無礙光如来《むげこうにょらい》の名を称《しょう》するなり。……然《しか》るにかの大行《だいぎょう》は大悲《だいひ》の願《がん》より出《い》でたり」といっておられるのであります。「南無《なむ》阿弥陀仏《あみだぶつ》」と称名念仏《しょうみょうねんぶつ》するというのは、凡夫《ぼんぷ》が念仏《ねんぶつ》しているのかと思ったら、「如来《にょらい》の大悲《だいひ》の願《がん》」が宿《やど》って念仏しているのであります。念仏というの

穢身　仏教語。けがれた身。凡夫の身

雑毒の善　煩悩をまじえた善。念仏でない自力の善行

無礙光如来　阿弥陀如来の別称

大悲　生きているものすべての苦しみを救う、仏や菩薩の大きな慈悲

は凡夫《ぼんぷ》自身《じしん》が念仏《ねんぶつ》しているのではなくて、如来《にょらい》が念仏している。如来が念仏して如来が成仏するのであります。これがもし、凡夫《ぼんぷ》が念仏して成仏《じょうぶつ》するのでありましたら、凡夫《ぼんぷ》の念仏は凡夫《ぼんぷ》というものの自力《じりき》である——そういう自力の念仏では救《すく》われようはないし、他力真宗《たりきしんしゅう》では極力排斥《きょくりょくはいせき》するところであります。

かくの如《ごと》く、吾々《われわれ》が念仏するのは如来《にょらい》が念仏するのであります。だからいくら念仏しても自力《じりき》ではない。仏《ほとけ》が仏《ほとけ》であることを生きている——仏《ほとけ》が仏《ほとけ》であることを鳴《な》り響《ひび》かしている。だからもう既《すで》に念仏する人《ひと》は成仏《じょうぶつ》しているのであります。だから「信心《しんじん》よろこぶそのひとを如来《にょらい》とひとしとき給《たま》う。大信心《だいしんじん》は仏性《ぶっしょう》なり」と親鸞聖人《しんらんしょうにん》はお説《と》きになっているのであります。

吾々《われわれ》が神想観《しんそうかん》をする。合掌瞑目《がっしょうめいもく》して「吾《わ》れ今五感《いまごかん》の世界《せかい》を去って実相《じっそう》の世界に坐《ざ》す」と念《ねん》じ、「自分《じぶん》の坐《すわ》っているのは実相の世界であって……」と観《かん》ずる。こういう行法《ぎょうほう》を自力《じりき》の行《ぎょう》であると思って排斥《はいせき》する他力真宗《たりきしんしゅう》の信者《しんじゃ》

瞑目　目をつぶること

五感　視覚、聴覚、嗅覚、味覚、触覚の五つの感覚

もありますが、「吾《わ》れ今《いま》五感《ごかん》の世界《せかい》を去って実相《じっそう》の世界に坐《ざ》す」と念《ねん》ずるのは「吾《わ》れ今」といった瞬間《しゅんかん》に、もうすでに五感の世界をさった（即《すなわ》ち捨離《しゃり》した）自分《じぶん》、即《すなわ》ち「実相の自分」になっているのです。「南無阿弥陀仏《なむあみだぶつ》」と称《とな》える唇《くちびる》は、肉体《にくたい》の唇――凡夫《ぼんぷ》の唇でありますが、南無阿弥陀仏《なむあみだぶつ》と称《とな》えているその言葉は「仏性《ぶっしょう》」が称《とな》えている。如来《にょらい》が唱《とな》えている。それと同じく、神想観《しんそうかん》に於《おい》て、合掌静坐《がっしょうせいざ》するのは肉身《にくしん》であるが、五感の世界（五感の世界は「五官《ごかん》の自分」の対境《たいきょう》なるが故《ゆえ》に、五感の世界を去ることは同時《どうじ》に、「五官の自分」を捨離《しゃり》せることを意味《いみ》する）を捨離《しゃり》して「吾《わ》れ実相の世界に坐《ざ》す」と念《ねん》じているその自分は「実相の自分」であり、「実相の自分」が「実相の世界」に坐《ざ》していることを念《ねん》じているのであります。念仏《ねんぶつ》に於《お》いては如来《にょらい》が如来《にょらい》を念《ねん》じていると同様《どうよう》に、神想観《しんそうかん》に於《おい》ては実相が実相を念《ねん》じているのであります。だから自力即《じりきすなわ》ち虚仮《こけ》の自分で念《ねん》じているのではない、純他力《じゅんたりき》である――しかし他力《たりき》という言葉は、「自力《じりき》」と対立《たいりつ》せしめての言葉であり、

捨離　一切のことを捨て去り、煩悩を離れること

静坐　落ち着いて呼吸を整え、静かにすわること

対境　対象。相手

虚仮　真実でないこと。うそ

実相《じっそう》のみ独在《どくざい》なのでありますから、「生長《せいちょう》の家《いえ》」では他力《たりき》とはいわない、他《た》力《りき》とか自力《じりき》とかを絶《ぜっ》した「絶対力《ぜったいりき》」だというのであります。「吾《わ》れ実相であり、吾《わ》れ実相世界《じっそうせかい》に坐《ざ》す」こう念《ねん》じられる心は、実相の威神力《いじんりょく》によって廻《え》向《こう》して来《き》た「実相の念《ねん》」でありますから、この実相を念《ねん》ずる我《われ》は「始《はじ》めから成仏《じょうぶつ》している我《われ》」(実相の我《われ》)であります。だから神想観《しんそうかん》は小我《しょうが》でやる小行《しょうぎょう》ではないのでありまして、実相が実相する大行であって、実相が実相する——これを成仏するというのであります。

　実相が実相する、仏性《ぶっしょう》が念仏《ねんぶつ》する、その大行《だいぎょう》が、その称名《しょうみょう》のコトバが、そのまま成仏《じょうぶつ》であります。成仏《じょうぶつ》というのは「迷《まよ》い」や「煩悩《ぼんのう》」が仏《ほとけ》の威神《いじん》力《りょく》によって浄化《じょうか》せられて「仏《ほとけ》」になるように思っている人《ひと》もありますが、「迷い」や「煩悩《ぼんのう》」は本来無《ほんらいな》いのでありますから、無《な》いものをいくら浄化しても「仏《ほとけ》」になりようがないのであります。「暗《やみ》」はいくら金剛砂《こんごうしゃ》で磨《みが》いても光《ひかり》にはならないのであります。「暗《やみ》」には光を差《さ》し込《こ》ませば光になる。こ

威神力　仏教語。偉大で神々しい、最もすぐれた不思議な力

小我　仏教語。煩悩にとらわれた狭い自我

小行　わずかばかりの修行をすること

金剛砂　柘榴石(ざくろいし)の小結晶の集まったもの。粒状で、黒色または赤黒色。研磨材として用いられる。エメリー

の時《とき》、「暗《やみ》」というものに化学的変化《かがくてきへんか》が起《おこ》って、「暗《やみ》」が変貌《へんぼう》して「光《ひかり》」になったのかと申《もう》しますと、そうではない。「暗《やみ》」は無《む》であるから、無《む》は変化《へんか》してもいつまでも無《む》である。そこに実在《じつざい》なる「光」を差《さ》し込《こ》ませば、「無《む》」は「無《む》」の本性《ほんしょう》を示して消えてしまう。そして光明一元《こうみょういちげん》、実相独在《じっそうどくざい》ということになるのであります。

「物質《ぶっしつ》は無《な》い」「肉体《にくたい》が無《な》い」ということがわかれば、我《わ》が身《み》というものはみんな幻《まぼろし》のようなもので何《なん》にも無《な》いのだと思う観方《みかた》を「断見《だんけん》」といって、釈迦《しゃか》が間違《まちが》った見解《けんかい》の一《ひと》つとして排斥《はいせき》せられたところであります。「物質が無《な》い」と知ったと同時《どうじ》に「実相《じっそう》がある」と知り、「肉体が無《な》い」と知ったと同時に「ほとけが有《あ》る、それが自分《じぶん》だ、神がある、それが自分だ」と知らねばなりません。「実相がある」「我《が》がある」といったら、その実相とはこの肉体の自分のことだ、「この肉体が有《あ》る」のだ、と思うのは「常見《じょうけん》」といって釈迦《しゃか》はまた排斥《はいせき》されたのであります。この「断見《だんけん》」「常見《じょうけん》」いずれにも堕《だ》さないようにしなければ正しい悟《さと》り(正見《しょうけん》)ではないのであります。正しい悟りというものは、「無《な》くて有る」この反対《はんたい》のことを一《ひと》つに自覚《じかく》したような状態《じょうたい》であります。肉体《にくたい》の無《む》がわかっていて、金剛不壊《こんごうふえ》の実相《じっそう》が有《あ》ることがわかることが断常二見《だんじょうにけん》に堕《だ》さない正見《しょうけん》なのであります。この正見《しょうけん》を得《え》たときには「無《な》くてしかも有る」ことがわかりますから、肉体が眼《め》に見えていても、それが直《ただち》に無いと判《わか》り、実相身《じっそうしん》が眼《め》に見えないでいても、それが直《ただち》に有ると判《わか》り、「臨終《りんじゅう》の一念《いちねん》」を待たないでこのまま、今成仏《いまじょうぶつ》していることが判《わか》るのであります。

「実相は空《くう》なり」という人《ひと》があります。衆生《しゅじょう》を仏《ほとけ》が救《すく》うことが出来《でき》るのは、衆生《しゅじょう》は空《くう》であり、仏《ほとけ》は真如《しんにょ》であり、真如《しんにょ》は空《くう》であるから、空《くう》と空《くう》とは同質《どうしつ》であるから作用《さよう》することが出来《でき》るのだという人がありますが、それでは衆生《しゅじょう》も仏《ほとけ》もともに実質《じっしつ》が空《くう》であり、その圧力《あつりょく》が同じく空《くう》でありまして、積《せっ》極的力《きょくてきちから》に仏《ほとけ》から衆生《しゅじょう》に力《ちから》を及《およ》ぼして行《ゆ》くことが出来《でき》ないのであります。エーテルというような本来《ほんらい》「空無《くうむ》」のような実質《じっしつ》が光《ひかり》となり熱《ねつ》となり物質《ぶっしつ》となり互《たが》いに作用《さよう》して一方《いっぽう》を照《て》り輝《かがや》かして行《ゆ》くように、空《くう》なる一如《いちにょ》から来《らい》生《しょう》した仏《ほとけ》が、同じく空《くう》なる一如《いちにょ》から来生《らいしょう》した衆生《しゅじょう》を照《てら》し救《すく》うというように考える人《ひと》がありますが、もしそういうように、同一《どういつ》「空《くう》」から来生《らいしょう》した光が物質を照《てら》すように仏《ほとけ》が衆生《しゅじょう》を照《てら》すのでしたら、「空《くう》」は変化《へんか》の相《すがた》でありますから、光が他《た》を照《てら》していると段々《だんだん》そのエネルギーを消耗《しょうこう》して光力《こうりょく》が減《へ》って来《く》るように、「仏《ほとけ》」も「空《くう》」(変化《へんか》の相《すがた》)の一相《そう》であるから、段々相《だんだんすがた》を変《へん》じて「仏《ほとけ》」でなくなってしまうということになるのであります。

だから、こういう「空《くう》」(変化の相《すがた》)から来生《らいしょう》した仏《ほとけ》とか如来《にょらい》とかいうようなものなら不堅実《ふけんじつ》なものであって、それは変化の相《すがた》であるから、仏《ほとけ》だと思っている間《あいだ》に衆生《しゅじょう》になったりしてしまって、そんなものに頼《たよ》っていては結局《けっきょく》

エーテル　宇宙空間にあって、光・熱・電気の波及のなかだちとなるもの。本著執筆時以降その存在を巡って紆余曲折を経て現在に至る。本全集第二巻「実相篇」第一章「近代科学の空即是色的展開」等参照

空無　仏教語。存在しているように見えても実在ではないこと

不堅実　不確かなさま。確実さに乏しく安心ができないさま

救《すく》われないのであります。だから「生長《せいちょう》の家《いえ》」では「空《くう》」から仏《ほとけ》が来生《らいしょう》したなどとはいわないのであります。

「実相《じっそう》は空《くう》である」――こういう場合《ばあい》には「現象《げんしょう》の実相《ほんとのすがた》は空《くう》である」ということであります。しかし実在《じつざい》の実相《ほんとのすがた》は空《くう》ではないのであります。現象《げんしょう》の実相《じっそう》を空《くう》（即《すなわ》ち変化《へんか》のすがた）であると知ったら、実在の本当《ほんとう》の相《すがた》までも空《くう》であるとしてしまうのは、これやはり断見《だんけん》であって、釈迦《しゃか》の極力《きょくりょく》排斥《はいせき》せられたところであります。それだのに実在の実相《ほんとのすがた》を空《くう》だと思っている人《ひと》が在来《ざいらい》の仏教者《ぶっきょうしゃ》の相当碩学《そうとうせきがく》の人に多いので、仏教《ぶっきょう》が実生活上力《じっせいかつじょうちから》をあらわさず、現在《げんざい》のような仏教僧侶《ぶっきょうそうりょ》とは、檀家《だんか》の法事《ほうじ》だけをつとめる世間《せけん》を遠《とお》ざかった人になってしまったのであります。だから生長《せいちょう》の家《いえ》で説《と》く仏教は、そういういわゆる仏教研究家《ぶっきょうけんきゅうか》から見たら、説明《せつめい》の仕方《しかた》や見解《けんかい》がちがうように見えるかも知れませんが、それが実生活上に力をあらわすのは、学究上《がっきゅうじょう》の合理性《ごうりせい》によるのではなく、真に真理《しんり》を把握《はあく》しているからでありま

碩学　学問の広く深い人。大学者

檀家　一定の寺に墓地を持ち、布施などによってその寺を援助する家

す。

誤《あやま》れる仏教者《ぶっきょうしゃ》は仏《ほとけ》は実相《じっそう》であり実相は空《くう》であるというかと思うと、仏《ほとけ》は実相身《じっそうしん》であり金剛身《こんごうしん》であり不壊身《ふえしん》であるといいます。空《くう》（変化《へんか》常《つね》なき空《むな》しき相《すがた》）を実相とし、仏《ほとけ》であるとしながら、その仏《ほとけ》を金剛身《こんごうしん》であり不壊身《ふえしん》であるとするのは実《じつ》に矛盾《むじゅん》であります。或《あ》る仏教者はこれをこう説明《せつめい》します。

「実相又《また》は仏《ほとけ》とは自在に仮相になり得べき本体である、例《たと》えば電子《でんし》の如《ごと》きものである。電子は金剛不壊《こんごうふえ》であって、それはいつまでも永遠《えいえん》に易《かわ》らないものであって、その金剛不壊《こんごうふえ》の本体《ほんたい》から出来《でき》た物質《ぶっしつ》は色々《いろいろ》に変化する。そのように、実相は電子の如《ごと》き普遍的存在《ふへんてきそんざい》であり金剛不壊《こんごうふえ》であって少しも変化しない、この変化のない実体《じったい》が実相であり仏《ほとけ》である」というのであります。こういう思想《しそう》を持っている人《ひと》が随分《ずいぶん》仏教者にはたくさんあるようです。（これは私の知っている範囲《はんい》でいうので全部《ぜんぶ》の仏教者がそうだというわけではありません。）しかしこういう意味《いみ》で仏《ほとけ》の実体が金剛不壊《こんごうふえ》だというのだったら、現《げん》

金剛身　仏教語。最も硬い鉱物であるダイヤモンドのように堅固な身

不壊身　堅固で決して壊れない身

電子　負の電荷を持ち、原子核の周りを回って原子を構成する素粒子。陰電子

象《しょう》は仮相《けそう》であるから、現象《げんしょう》を皆《みん》な破壊《はかい》してしまったら成仏《じょうぶつ》する——仏《ほとけ》になるというのは空漠《くうばく》な普遍的本質《ふへんてきほんしつ》たる電子《でんし》に還《かえ》るということになります。これなら「南無阿弥陀仏《なむあみだぶつ》」も何《なに》も要《い》らない、仏教《ぶっきょう》も宗教《しゅうきょう》も何《なに》も要《い》らない、誰《たれ》でもこの肉体《にくたい》は仮相《けそう》であり、仮相《けそう》でありながら「自在《じざい》に仮相《けそう》になり得《う》べき電子」から出来《でき》ている。肉体（仮相《けそう》）でありながら本体《ほんたい》（電子）である。肉体は破壊すべきが故《ゆえ》に仮相《けそう》であり、電子は破壊すべからざるが故《ゆえ》に無量寿《むりょうじゅ》である。吾々《われわれ》の無量寿《むりょうじゅ》をこんなふうに見たら、無量寿《むりょうじゅ》の生命《せいめい》もあまり有難《ありがた》いものではない、生《い》き通《とお》さないのも同じことです。誰《たれ》でも死んだら肉体が灰《はい》になる、灰が土になる、電子として色々物質的《いろいろぶっしつてき》な作用《さよう》をして生《い》きている、こんなことは知っている。こんなことでは淋《さび》しいから吾々《われわれ》は宗教を求めるのです。——これでは人間《にんげん》を物質《ぶっしつ》だけに見た唯物論《ゆいぶつろん》であります。「死んだら一杯《ぱい》の盃《さかずき》の水が覆《くつがえ》されたように大海《たいかい》の水に帰《き》す。その世界《せかい》は寂静《じゃくじょう》であり、空《くう》である。これが実相《じっそう》である」こんなことを考えているのは小乗仏教《しょうじょうぶっきょう》否《いな》

空漠　つかみどころがないこと

唯物論　世界を構成する根源はすべて物質であるとする立場

寂静　静かなひっそりとしたさま

小乗仏教　「小乗」は小さな乗り物の意。自己の悟りを第一とする

むしろ唯物論的仏教《ゆいぶつろんてきぶっきょう》であって、涅槃寂静《ねはんじゃくじょう》、寂静《じゃくじょう》をもって楽《らく》となすので、虚無主義《きょむしゅぎ》に陥《おちい》って生々溌剌《せいせいはつらつ》とした生《い》きた力《ちから》を人生《じんせい》に及《およ》ぼすことは出来《でき》ないのであります。だから生長《せいちょう》の家《いえ》では、実相《じっそう》を空《くう》と見ないのであります。実相は実である。どこまでも空《くう》は空《くう》であり、実は実である。空《くう》の中《なか》から変化して仏《ほとけ》や如来《にょらい》が来生《らいしょう》したとは見ないのであります。変化《へんか》して生《しょう》じたものは（それがたとい仏《ほとけ》と変化して顕《あらわ》れても）やがて変化して元《もと》の相《すがた》を止《とど》めなくなるのであります。だから「生長の家」では『華厳経《けごんきょう》』にある「心《しん》、仏《ぶつ》、衆生《しゅじょう》、三無差別《むさべつ》」のそんな仏《ほとけ》は存在《そんざい》しないと、ハッキリと「変化して生《しょう》じた仏《ほとけ》」を截《た》ち斬《き》ってしまったのであります。黄金《おうごん》でも合金《ごうきん》で黄金に似《に》せて作ったものは変化しやすくニセ物《もの》であることが判《わか》るのであり、仏《ほとけ》でも色々《いろいろ》変化させて作った仏《ほとけ》では、やがて、変化して仏《ほとけ》のニセ物《もの》であるということが判《わか》るのであります。だからそういう「迷《まよ》って衆生《しゅじょう》となり、悟《さと》って仏《ほとけ》となる」ような変化の産物《さんぶつ》たる仏《ほとけ》は合金の黄金みたいなもので本当《ほんとう》の仏《ほとけ》ではないのであります。

涅槃寂静　仏教語。悟りの世界が静かな安らぎの境地であること

生々溌剌　生き生きとして元気のよいさま

『華厳経』　『大方広仏華厳経』の略称。大乗仏教で最も重要な経典の一つ

合金　金属に他の金属や非金属を溶かし合わせたもの

本当《ほんとう》の仏《ほとけ》は変易《へんえき》しない。始《はじ》めから純粋《じゅんすい》の黄金《おうごん》のように、始めから仏《ほとけ》なのであります。それで吾々《われわれ》が仏《ほとけ》と成《な》るというのは、色々合金《いろいろごうきん》のように教義《きょうぎ》や行《ぎょう》を捏《こ》ね合《あ》わせて仏《ほとけ》に造《つく》ってもらうのではなく、初《はじ》めから黄金のような、始めから尊《とうと》い仏性《ぶっしょう》が自分《じぶん》にある。『涅槃経《ねはんぎょう》』ではこれを「一切衆生仏性《いっさいしゅじょうぶっしょう》あり」といっていますが、仏性《ぶっしょう》が自分にあるというと、自分というものは仏性《ぶっしょう》の容《い》れ物《もの》みたいで、自分が仏性《ぶっしょう》だという感《かん》じがしませんから、生長《せいちょう》の家《いえ》では「一切衆生仏性《いっさいしゅじょうぶっしょう》あり」とはいわないで、「衆生《しゅじょう》なし、仏性《ぶっしょう》のみある。その仏性《ぶっしょう》のみ本当の自分である」というのであります。その仏性《ぶっしょう》が南無阿弥陀《なむあみだ》仏《ぶつ》ととなえる。自分が神である、自分が仏《ほとけ》であると念《ねん》ずる。これが仏性《ぶっしょう》がコトバになったのであり、行《ぎょう》になったのであり仏《ほとけ》の実《じつ》が出たのであります。念仏即時成仏《ねんぶつそくじじょうぶつ》であり、神想観即時成仏《しんそうかんそくじじょうぶつ》(見真《けんしん》)であり、始《はじ》めから仏《ほとけ》であることが顕真《けんしん》したのであります。「大行《だいぎょう》とは即《すなわ》ち無碍光如来《むげこうにょらい》の名を称《しょう》するなり」
(親鸞聖人《しんらんしょうにん》『教行信証《きょうぎょうしんしょう》』)

変易　移り変わること

顕真　真実の姿があらわれること

かくの如《ごと》く念仏《ねんぶつ》とは凡夫《ぼんぷ》が念仏《ねんぶつ》することではなく、如来《にょらい》が如来《にょらい》することであり、仏《ほとけ》が仏《ほとけ》することであり、実相《じっそう》が実相することでありますからこれ程《ほど》の大行《だいぎょう》はほかにはない。そして、如来《にょらい》が如来《にょらい》する時《とき》、実相が実相する時、一切《いっさい》の虚仮不実《こけふじつ》の「ウソの我《われ》」というものは消えてしまう。「肉体《にくたい》は本来無《ほんらいな》い」が故《ゆえ》に、肉体はそのままあるように見えながらも、吾等《われら》は既に無上涅槃《むじょうねはん》を体証《たいしょう》しているのであります。では念仏《ねんぶつ》とは何《なん》であるか。親鸞聖人《しんらんしょうにん》は「大《だい》行《ぎょう》とは即《すなわ》ち無礙光如来《むげこうにょらい》の名《な》を称《しょう》するなり」といわれたが、無礙光如来《むげこうにょらい》の本当《ほんとう》の名は何《なん》というかというと、

Amitābha Amitāgus Tathāgata Arhat Samyaksambuddha と梵語《ぼんご》の正音《せいおん》ではいうのだそうであります。無礙光如来《むげこうにょらい》の名を称《しょう》するのに、名であるから間違《まちが》わぬように発音《はつおん》しなければ救《すく》われないというのだったら、吾々《われわれ》はほとんど全部《ぜんぶ》救われることは出来《でき》ない、南無阿弥陀仏《なむあみだぶつ》なんて簡単《かんたん》な名号《みょうごう》を称《とな》えるだけでは成仏《じょうぶつ》出来ないことになるのであります。無礙光如来《むげこうにょらい》の名を称《しょう》する

虚仮不実　親鸞聖人の和讃『正像末和讃』所収「愚禿悲歎述懐」にある言葉。うそ。いつわり

体証　仏教語。真理をきわめ、体験して悟ること

梵語　古代インドで経典を書くのに用いた文章語。サンスクリット語

のにこんな長ったらしい梵語《ぼんご》でなくとも、その意味内容《いみないよう》が同じことだったら成仏出来《じょうぶつでき》るので「阿弥陀仏《あみだぶつ》」と称《とな》えるだけで成仏《じょうぶつ》出来るというのだったら、何《なに》も「阿弥陀仏《あみだぶつ》」と称《とな》えなくとも、「天照大御神《あまてらすおおみかみ》」と称《とな》えても、「大日《だいにち》如来《にょらい》」と称《とな》えても、「妙法《みょうほう》」と称《とな》えても、「ゴッド」と称《とな》えても、「実相《じっそう》」とだけ称《とな》えても成仏《じょうぶつ》出来るわけであります。ここに吾々《われわれ》は諸教《しょきょう》の一致点《いっちてん》を見《み》出《いだ》すのでありまして、これらの御名《みな》を称《とな》える時《とき》、無礙光如来《むげこうにょらい》の名を称《しょう》すると同じ意味にて唯一実相《ゆいいつじっそう》を念《ねん》ずるとき、実相のみ独在《どくざい》であり、実相を念《ねん》ずるのは実相自身《じっそうじしん》でありますからそこに実相自身の大行《だいぎょう》がある、他力《たりき》の大行《だいぎょう》がある、否《いな》、自他《じた》を絶《ぜっ》した絶対力《ぜったいりき》の大行《だいぎょう》があるのであります。

　絶対力《ぜったいりき》がここに大行《だいぎょう》を行《ぎょう》ずる。「ここ」というのはどこかというとどこでもない、絶対力《ぜったいりき》は絶対《ぜったい》なのであって、相対《そうたい》するのではありませんから、絶対《ぜったい》力《りき》は絶対力自身《ぜったいりきじしん》の中《うち》に絶対力《ぜったいりき》を生《い》きる――絶対力《ぜったいりき》のコトバが展開《てんかい》する空間的《くうかんてき》広がりは絶対力自身《ぜったいりきじしん》の展開なのであります。絶対力《ぜったいりき》の至美至妙《しみしみょう》なる自性《じしょう》は言《げん》

天照大御神　『古事記』神話の最高神。伊邪那岐命が黄泉の国から戻り禊ぎをした際に左の眼から生まれた。皇室の祖先神。伊勢神宮に祀られ、国民崇敬の中心

大日如来　真言密教の本尊。毘盧遮那仏

妙法　『妙法蓮華経』の略称。『法華経』のこと

ゴッド　God　キリスト教の神。創造主

至美至妙　この上なく細やかな趣があって、巧みなこと

語《ご》に絶《ぜっ》しているのでありますが、私はこれを、無限智慧《むげんちえ》、無限愛《むげんあい》、無限生命《むげんせいめい》、無限供給《むげんきょうきゅう》の四徳《とく》を以《も》って仮《か》りにその全部《ぜんぶ》の徳《とく》を代表《だいひょう》せしめているのであります。絶対力自身《ぜったいりきじしん》が念仏《ねんぶつ》する――或《あるい》は実相《じっそう》をコトバする――コトバの大《だい》行《ぎょう》を行《ぎょう》ずる。その時《とき》コトバの広がりとして展開《てんかい》する世界《せかい》が極楽浄土《ごくらくじょうど》なのであります。では極楽《ごくらく》はどこにあるか、そして吾々《われわれ》が念仏してどこに極楽往生《ごくらくおうじょう》するというかと申《もう》しますと、『大無量寿経《だいむりょうじゅきょう》』には

「彼《か》の仏如来《ぶつにょらい》は、来《きた》って来《きた》る所無《ところな》く、去って去る所無《ところな》し。生《しょう》なく、滅《めつ》なく、過《か》、現《げん》、未来《みらい》に非《あら》ず。但《ただ》、願《がん》に酬《むく》い、生《しょう》を度《ど》するを以《もっ》て、現《げん》に西方《さいほう》に在《おわ》します。閻浮提《えんぶだい》を去る百千倶胝那由他《ぐていなゆた》の仏刹《ぶっせつ》に世界有《せかいあ》り、名づけて極楽と曰《い》う、仏《ぶつ》は無量寿《むりょうじゅ》と名《なづ》く。成仏已来今《じょうぶついらいいま》に於《おい》て十劫《こう》なり。」（法賢訳《ほうけんやく》『大無量寿経《だいむりょうじゅきょう》』）

『大無量寿経』　大乗仏教の経典の一つ。浄土教の根本聖典で、浄土三部経の一つ。『無量寿経』または『大経』ともいう

在(おわ)します　いらっしゃる

閻浮提　仏教語。人間世界。現世。須弥山(しゅみせん)の南方海上にあるという大陸の名

百千倶胝那由他　仏教語。とても大きな数。計り知れない多くの数

仏刹　仏の国土。浄土

十劫　「劫」はきわめて長い時間の単位

法賢　生没年不詳。北宋時代の僧。インドに赴いて『仏国記(法賢伝)』を著し、仏典を漢訳した

とあります。「来《きた》って来《きた》る所《ところ》なく、去って去る所無《ところな》し」と空間《くうかん》を超越《ちょうえつ》し、「生《しょう》なく、滅《めつ》なく、過《か》、現《げん》、未来《みらい》に非《あら》ず」と時間《じかん》を超越しているのでありま す。そして同時《どうじ》に「西方《さいほう》に在《おわ》します」と空間を指定《してい》し、「成仏已来十劫《じょうぶついらいじっこう》」であると時間を指定されているのであります。

ここに、「指方立相《しほうりっそう》の浄土《じょうど》なんかあるものでない」というような議論《ぎろん》も出《で》て来《く》るのであります。西方極楽《さいほうごくらくじょうど》 浄土が出来《でき》てからまだ十劫《こう》しか経《た》たないからそれは無始無終《むしむしゅう》の存在《そんざい》ではないから、やがては破壊《はかい》してしまうだろうというような説《せつ》もあります。これは如何《いか》に解釈《かいしゃく》すべきか。念仏《ねんぶつ》が実相自身《じっそうじしん》のコトバの大行《だいぎょう》であり、そのコトバのヒビキが極楽荘厳《ごくらくしょうごん》として指方立相的《しほうりっそうてき》に展《てん》開《かい》するのだということが判《わか》れば、「来《きた》って来《きた》る所無《ところな》く、去って去る所無《ところな》く、生無《しょうな》く滅無《めつな》き実相」の仏《ほとけ》が、その本願力《ほんがんりき》のコトバにて指方立相《しほうりっそう》の西方極楽《さいほうごくらく》浄土《じょうど》を展開さし、釈迦《しゃか》が阿難《あなん》に説《と》き給《たま》うたような「無量 寿国《むりょうじゅこく》はその 諸《もろもろ》の天《てん》人《にん》、衣服飲食《えぶくおんじき》、華香瓔珞《けこうようらく》、繒蓋幢旛《ぞうがいどうばん》、微妙《みみょう》の音声《おんじょう》あり、所居《しょご》の舎宅《しゃたく》、宮殿《くでん》

指方立相　浄土教で阿弥陀仏の浄土の方角やすがたを明らかに示すこと

無始無終　仏教語。始めもなく終わりもないこと

極楽荘厳　仏教語。極楽浄土を讃えた語

阿難　釈尊の従兄弟で、十大弟子の一人。出家後、釈尊に常に近侍し、その教説を最もよく記憶していた

衣服飲食　衣類や飲食物

華香瓔珞　花やお香および珠玉や貴金属を編んだ装飾具。『法華経』「法師品」に説かれる十種の供養のうちの三種

繒蓋幢旛　絹のかさから垂らした旗

微妙の音声　何とも言えずすばらしい音楽

所居の舎宅　住居とする家

楼閣《ろうかく》、その形式《ぎょうしき》に称《かな》い、高下《こうげ》大小《だいしょう》なり、或《あるい》は一宝《ぽう》二宝《ほう》、乃至《ないし》無量《むりょう》の衆宝《しゅほう》、意《こころ》の所欲《しょよく》に随《したが》い念《ねん》に応《おう》じて即《すなわ》ち至《いた》る」(『無量寿経《むりょうじゅきょう》』巻《かん》上)の極楽荘厳《ごくらくしょうごん》を展《てん》開《かい》さすことになるのであります。この西方極楽浄土《さいほうごくらくじょうど》は無量寿如来《むりょうじゅにょらい》のコトバの大行《だいぎょう》の展開する世界《せかい》であり、無量寿如来《むりょうじゅにょらい》のコトバの大行《だいぎょう》を行《ぎょう》ずる人間《にんげん》たちがコトバの大行《だいぎょう》と同時《どうじ》にまた展開する世界なのであります。さればそれは西方浄土《さいほうじょうど》であって、同時《どうじ》に既《すで》に西方浄土《さいほうじょうど》ではない。「来《きた》って来《きた》る所《ところ》なく、去って去るところなき」西方浄土《さいほうじょうど》である。実相《じっそう》がコトバの大行《だいぎょう》を行《ぎょう》ずるとき彼自身《かれじしん》は仏《ほとけ》であり、彼自身のコトバのヒビキが極楽荘厳《ごくらくしょうごん》となって展開するのでありますから、我々《われわれ》はこのまま、ここにいながら「来《きた》って来《きた》る所《ところ》なく、去って去る所なく」して、指方立相《しほうりっそう》の極楽荘厳《ごくらくしょうごん》の中《なか》を往来《おうらい》することが出来《でき》るのであります。これが解《わか》りますとき、我々《われわれ》は「肉体《にくたい》が死ななければ極楽成仏《ごくらくじょうぶつ》できない」などという迷妄《めいもう》に捉《とら》われることがなくなる。「生長《せいちょう》の家《いえ》」に於《おい》て、神想観《しんそうかん》を行《ぎょう》ずるとき、家庭《かてい》の中《なか》が自然《しぜん》に琴瑟相和《きんしつあいわ》し、欲《ほ》しいも

一宝二宝　一つか二つの宝
衆宝　多くのたから

琴瑟相和す　四書五経の一つ『詩経』にある言葉。琴は小型の「こと」、瑟は大型の「こと」。両者が合奏すると音色がよく調和することから、夫婦の仲がよいことをいう

のが自然《しぜん》に集《あつま》って来《く》る、まるで『大無量寿経《だいむりょうじゅきょう》』、極楽荘厳《ごくらくしょうごん》と同様《どうよう》の相《すがた》が各《かく》人《じん》に展開《てんかい》するのは、これ、実相《じっそう》が実相を念《ねん》ずるコトバの大行《だいぎょう》によって、そのコトバのヒビキが広相《こうそう》をもって展開して姿形《すがたかたち》ある極楽荘厳《ごくらくしょうごん》を現実世界《げんじつせかい》にあらわしてくれるのであります。実相が実相を念《ねん》ずる――実相のコトバの大《だい》行《ぎょう》――成仏《じょうぶつ》――極楽荘厳現実界《ごくらくしょうごんげんじつかい》となるのであります。

広相　詳しい内容。細かなことのありさま

第五章　神の子の自覚《じかく》に点睛《てんせい》す

「観《かん》ずれば吾等《われら》一切衆生《いっさいしゅじょう》は久遠劫《くおんごう》の始《はじめ》より神の懐《ふところ》に抱《いだ》かれたる神の子也。如来の子也。自覚すると自覚せざるとに論なく、事実に於いて皆然り」これは綱島梁川氏《つなしまりょうせんし》の『回光録《かいこうろく》』収録《しゅうろく》「自覚小記《じかくしょうき》」の言葉である。この自覚は、生長《せいちょう》の家《いえ》で説《と》くところの、「人間本来《にんげんほんらい》、神の子、仏子《ぶっし》であって、悟《さと》ると悟らざるとの別《べつ》なく既《すで》に救《すく》われている」の自覚とほぼ一致《いっち》する。しかもこの「既《すで》

頭注版㉗一一八頁

点睛　動物の絵の最後に瞳を描き入れて完成させることから、欠くことのできない重要な点を最後に加えて物事を完成させること

綱島梁川氏　明治六～四十年。宗教思想家・倫理学者。岡山県の高梁教会で洗礼を受けた。『早稲田文学』の編集に従事した後、療養生活を送った。明治三十八年に発表した「見神の実験」が反響を呼んだ

『回光録』　明治四十年、金尾文淵堂刊

に人間神《にんげん》の子」の自覚《じかく》を得《え》ながらも、その自覚が何故《なにゆえ》、彼《か》れ綱島梁川氏《つなしまりょうせんし》を生《い》かさず、氏《し》をして病《やまい》の床《とこ》より起《た》つ能《あた》わざらしめたのであろうか。何故《なにゆえ》またこの同じき「既《すで》に人間神の子」の自覚が『生長《せいちょう》の家《いえ》』の誌友《しゆう》の場合《ばあい》は続々《ぞくぞく》病《やまい》の床《とこ》を蹶《け》って起《た》つ力《ちから》を与えるのであろうか。ここに一《ひと》つの同じき信念《しんねん》が一つは現実生活《げんじつせいかつ》を生《い》かし、一つは現実生活を生かさない結果《けっか》を生《う》む重大《じゅうだい》なる「紙《かみ》一枚《まい》の自覚の差《さ》」が何故《なにゆえ》に生《しょう》ずるかを研究《けんきゅう》することは無駄《むだ》ではないと思う。「人間神の子の自覚は得《え》られましたが、どうも病気《びょうき》は治《なお》りません」と往々《おうおう》訴《うった》えられることがあるが、そういう人《ひと》は梁川式信仰型《りょうせんしきしんこうがた》の人である場合《ばあい》が多いのである。神子《しんし》の自覚を得《え》ながら病気が癒《い》やされなかった理由《りゆう》を知るために梁川氏《りょうせんし》の場合を引いてこれを検討《けんとう》することにする。

綱島梁川《つなしまりょうせん》は「安心立命《あんしんりつめい》の二法門《ほうもん》」の中《なか》で次《つぎ》のように述《の》べている。

「『あきらめ門《もん》』の勇者《ゆうしゃ》は以為《おも》えらく、人生《じんせい》は空《くう》の空也《くうなり》、『衆生及《しゅじょうおよ》び世界《せかい》は

「安心立命の二法門」 綱島梁川著『病間録』所収の論文。明治三十八年、金尾文淵堂刊

安心立命 神にまかせ切ってあれこれ迷わぬ境地

以為えらく 思うことには

夢《ゆめ》の如《ごと》く光景《かげ》の如《ごと》し』、我《わ》が存在《そんざい》に執《しゅう》するも亦迷也《またまよいなり》。一切万有《いっさいばんゆう》を空《くう》と観《かん》じ去《さ》り、一切諸縁《しょえん》を放下《ほうげ》し去りて、涅槃寂静《ねはんじゃくじょう》、始《はじ》めて期《き》すべしと。彼等《かれら》が安《あん》心《しん》の極意《ごくい》は、死也《なり》、虚無也《きょむなり》、寂滅也《じゃくめつなり》、『大いなるかな死、君子息《くんしいこ》い、小人伏《しょうじんふ》す。』彼等《かれら》が安心は墓《はか》の『彼方《かなた》』にあらずして、墓そのものの中《なか》にあり。彼《かれ》等《ら》は『生《い》きんが為《ため》に死ぬる』にあらずして『死なんが為《ため》に死ぬる』なり。彼《かれ》等《ら》の願《ねが》うところは死之生にあらずして、死之死也、往《ゆ》いて反《かえ》らざる大死也《だいしなり》。寂然《じゃくねん》として声《こえ》なき『絶対《ぜったい》』そのものを一個《こ》の壙《はか》として永劫《えいごう》の大眠《たいみん》に入《い》る、これを彼等《かれら》の安心立命《あんしんりつめい》とす…因《よ》りて観《み》れば、所謂《いわゆる》『あきらめ門《もん》』の勇者《ゆうしゃ》の安心法《あんしんほう》、また知るべきのみ。一は生死流転《しょうじるてん》の因果《いんが》の絆《きずな》を断《た》ち去《さ》り、空《くう》じ了《りょう》して、寂滅為楽《じゃくめついらく》の涅槃《ねはん》に眠《ねむ》れという、インド哲学《てつがく》の一部《ぶ》、釈迦教《しゃかきょう》の根本思《こんぽんし》想《そう》、乃至《ないし》はショーペンハウエルの人生観《じんせいかん》などこれに当《あた》る。……去《さ》って『信頼《しんらい》門《もん》』の勇者を見よ、……一切《いっさい》は彼等《かれら》にありては、夢《ゆめ》ならず、無意義《むいぎ》ならず、万有《ばんゆう》も自己《じこ》も所詮《しょせん》は皆神性実現《みなしんせいじつげん》の一肢節《しせつ》一機関《きかん》たるなり。かくして一切万有《いっさいばんゆう》

万有　宇宙に存在するすべてのもの

諸縁　仏教語。いろいろなつながり。多くの因縁

寂滅　消えてなくなること。死ぬこと

永劫　きわめて長い年月。永久

寂滅為楽　『涅槃経』にある「諸行無常偈」「諸行無常、是生滅法、生滅々已、寂滅為楽」の最後の句。煩悩の境を脱して涅槃の境地に至った時に真の安楽がある、の意

ショーペンハウエル　Arthur Schopenhauer 一七八八～一八六〇年。ドイツの哲学者。カントの認識論やインドのヴェーダ哲学の影響を受けて観念論・汎神論・厭世観を統合した哲学を打ち立てた。著書に『意志と表象としての世界』などがある。本全集第三十一巻等参照

肢節　手足の関節

は、彼《かれ》らが安心観《あんしんかん》、解脱観《げだつかん》の中《なか》に、皆《みな》それぞれの光栄《こうえい》ある位置《いち》及《およ》び価値《かち》を有《ゆう》し来《き》たる。『信頼門《しんらいもん》』の勇者《ゆうしゃ》の偉大《いだい》は『神の子』の真自覚《しんじかく》を有《ゆう》するところにあり。『信頼門』の勇者にも、時《とき》に涙《なみだ》あり、悲哀《ひあい》あり、苦悶《くもん》あり。これ実《じつ》に人生の事実也《なり》。彼等《かれら》はこの事実を夢まぼろしとして掃い去らず、事実《じじつ》はどこまでも事実として、正直《しょうじき》に大胆《だいたん》にこれに面《めん》して回避《かいひ》せず……かくてぞ我等《われら》が荊棘《けいきょく》しげき人生《じんせい》の行路《こうろ》にそそぐ涙もなかなかに慰藉《いしゃ》の力草《ちからぐさ》なりける。信ずる者《もの》の涙は淋《さび》しからず、涙そのものが彼等の喜びを深うするなり。古聖《こせい》は、敵《てき》に石にて打ち殺さるる刹那《せつな》、その顔貌天《がんぼうてん》の使《つかい》の如《ごと》く輝《かがや》きぬといえり。…我《わ》れ今弾丸雨飛《いまだんがんうひ》の間《あいだ》に立てり、これ夢乎《ゆめか》、否《いな》、夢にあらず事実也。」

綱島梁川《つなしまりょうせん》は仏教的信仰《ぶっきょうてきしんこう》よりもより多くキリスト教的信仰《きょうてきしんこう》を持っていたのである。そして、上掲《じょうけい》の引用文《いんようぶん》にても知らるる通《とお》り仏教《ぶっきょう》を以《もっ》て「一切《いっさい》を夢幻《むげん》と悟《さと》りてあきらめる消極的信仰《しょうきょくてきしんこう》」とし、「涙あり、悲哀あり、苦悶《くもん》あ

荊棘しげき　とげのあるいばらが繁っているさま
なかなかに　かえって。むしろ
慰藉　なぐさめいたわること
力草　頼りになるもの。ささえとなるもの
古聖　いにしえの聖者
刹那　瞬間
弾丸雨飛　弾丸が雨のように飛んでくるさま
夢幻　夢と幻。はかないことのたとえ

り、これ実《じつ》に人生の事実也《なり》。涙《なみだ》そのものが彼《かれ》らの喜《よろこ》びを深うするなり。古聖《こせい》は敵《てき》に石にて打ち殺さるる刹那《せつな》、その顔貌天《がんぼうてん》の使《つかい》の如《ごと》く輝《かがや》きぬ」とキリスト教《きょう》の殉教者的苦難《じゅんきょうしゃてきくなん》の生活《せいかつ》を称《たた》えざるを得《え》なかったのである。

彼が苦痛《くつう》も悲哀《ひあい》も事実であって、涙そのものが却《かえ》って喜びを深うする、そして又《また》「石にて打ち殺さるる刹那《せつな》、その顔貌天《がんぼうてん》の使《つかい》の如《ごと》く輝きぬ」という言葉に共鳴《きょうめい》しているのは、かくの如《ごと》き悲惨《ひさん》こそ、苦痛こそ、一層《いっそう》多く神に喜ばれる貴《とうと》き行為《こうい》であるとの悲壮礼讃《ひそうらいさん》が見神後《けんしんご》の梁川《りょうせん》にも残っていたことをあらわしているのである。この悲壮礼讃《ひそうらいさん》こそ綱島梁川《つなしまりょうせん》が「吾《わ》れ久遠劫《くおんごう》より悟《さと》れる神の子、如来《にょらい》の子なり」との自覚《じかく》を得《え》し後《のち》までも彼《かれ》の病気《びょうき》が癒《い》えざりし第《だい》一原因《げんいん》であると私は認《みと》めるのである。

さはれ、梁川《りょうせん》の神の子の自覚は随分徹底《ずいぶんてってい》していたものであった。彼の神の子の自覚は、彼の絶対自覚《ぜったいじかく》の光耀《こうよう》の体験《たいけん》によって得《え》られたものであって、私の絶対自覚の体験と極《きわ》めてよく似《に》たものであったことが思われるのであ

殉教者　教えのために自己の生命を捧げた人

見神　綱島梁川が明治三十七年に行い、翌三十八年に『新人』に発表した「見神の実験」を指すと思われる

さはれ　それはそうだが。そうは言っても

光耀　光りかがやくこと

る。彼曰《かれいわ》く「今《いま》まで現実《げんじつ》の我《わ》れとして筆執《ふでと》りつつありし我《わ》れが、はっと思う刹那《せつな》にたちまち天地《てんち》の奥《おく》なる実在《じつざい》と化《な》りたるの意識《いしき》、我《われ》は没《ぼっ》して神みずからが現《げん》に筆《ふで》を執《と》りつつありと感《かん》じたる意識とも言うべきか。これ予《よ》が超絶《ちょうぜつ》、驚絶《きょうぜつ》、駭絶《がいぜつ》の事実《じじつ》として意識したる刹那《せつな》の最《もっと》も厳密《げんみつ》なる表現也《ひょうげんなり》。予《よ》は今、これ以上《いじょう》、又以外《またいがい》にこの刹那《せつな》に於《お》ける見証《けんしょう》の意識を描《えが》く法《ほう》を知らざる也《なり》。予《よ》は如是《にょぜ》に神を見たり、如是《にょぜ》に神に会えり。否《いな》見たりといい会《あ》えりというの言葉はなお皮相的《ひそうてき》、外面的《がいめんてき》にして、とてもこの意識を描尽《びょうじん》するに足らず、そは神我《しんが》の融会也《ゆうえなり》、合一也《ごういつなり》、その刹那《せつな》に於《お》いて予《よ》みずからはほとんど神の実在《じつざい》に融《と》け合《あ》いたるなり。我即《われすなわち》神となりたる也《なり》」と。又曰《またいわ》く「予《よ》は見神《けんしん》の実験《じっけん》に於《お》いて、先《ま》ず天人父子の関係《かんけい》を実証《じっしょう》することを得《え》たり。キリストがその絶倫《ぜつりん》の天才《てんさい》を以《もっ》て、如意《にょい》に直覚《ちょっかく》し、自在《じざい》に游泳《ゆうえい》したる天人父子《てんじんふし》の意識は、秋毫《しゅうごう》も詩的表現《してきひょうげん》を以《もっ》て見るべからざる最真実《さいしんじつ》、最厳粛《さいげんしゅく》なる客観的真理《きゃっかんてきしんり》なることを自証《じしょう》することを得《え》たり。否《いな》この意識は、かかる人的比論《じんてきひろん》の言葉

超絶　比較を絶してすぐれていること
驚絶　非常に驚きあきれること
駭絶　非常に驚くこと
見証　仏教語。すでに悟っている自己を知ること
如是　このように。かくのごとく
描尽　表現し尽くすこと
融会　融け合って一つに集まること
絶倫　人並みはずれてすぐれていること
秋毫　微細なこと。わずかなこと。いささか
比論　類似の点を比較して論ずること

をもって写《うつ》し出《い》ずる以上《いじょう》に、更《さら》に豊富《ほうふ》にして深邃《しんすい》なる内容《ないよう》を有《ゆう》す。少《すくな》くとも予《よ》みずからは実験《じっけん》の刹那《せつな》しか感《かん》じたる也《なり》、唯《た》だ外《ほか》にこの無類《むるい》の意識《いしき》を表《ひょう》する適当《てきとう》の言葉を見出《みいだ》さざりければ、乃《すなわ》ち最《もっと》も適当の表現《ひょうげん》に近しと信ずる件《くだん》の父子ちょう語を藉《か》り用《もち》いたるのみ。げにキリストは、いしくも万古《ばんこ》不易《ふえき》の詮《せん》表形式《ぴょうけいしき》を撰《えら》びつるかな。予《よ》はまた唯《た》だキリストの言葉を襲《つ》ぎて見神《けんしん》の意識に含《ふく》まれたる天人《てんじん》の関係《かんけい》を表現するの外《ほか》なき也《なり》。されど、嗚呼《ああ》深いかな見神《けんしん》の意識、その刹那《せつな》、予自身《よじしん》は全《まった》く神の中《なか》に融《と》け込《こ》みたる如《ごと》くに感じたり、筆《ふで》を動かして物《もの》書くものは、今《いま》までの予《よ》にあらずして、天地《てんち》の深底《しんてい》より堂々《どうどう》と躍《おど》り出《い》でたる神自身《かみじしん》なりけるなり。見よ、この刹那《せつな》、唯《た》だ大《おお》いなる霊的活物《れいてきかつぶつ》の、予《よ》の全意識《ぜんいしき》を領《りょう》ずるありて、予《よ》みずから復《ま》た在《あ》らず。予《よ》はこの大《おお》いなる霊的活物の中《なか》に還没《かんぼつ》せり、予即《よすなわち》神となれり。されば予《よ》の個人格《こじんかく》としての存《そん》在《ざい》は、この時《とき》全く神の実在《じつざい》に泡沫《ほうまつ》と消《き》え失《う》せたりと謂《い》わんか、しかもかく謂《い》わんはこれ未《いま》だ精確《せいかく》に如実《さながら》に予《よ》のその折《おり》の意識状態《いしきじょうたい》を写《うつ》したるものにあら

深邃　奥深いこと

しか　然（しか）。そのように

件の　前述の。例の

ちょう　…という。「てふ」を表音通りに書いた形

げに　いかにも。本当に

いしくも　見事に。うまく

詮表　意味などを表示すること

還没　もとにかえってなくなること

ず、何《なん》となれば、予《よ》は一面《めん》に於《お》いて全《まった》く神の大実在《だいじつざい》に還没《かんぼつ》し解体《かいたい》したるの感《かん》を有《ゆう》したると共《とも》に、他面に於《お》いては、不思議《ふしぎ》にも又予《またよ》は意識《いしき》のいずこかの一隅《ぐう》に在《あ》りて、一種驚喜《いっしゅきょうき》と敬畏《けいい》との念《ねん》を以《もっ》て目《ま》のあたりに件《くだん》の神の現前《げんぜん》を睹《み》たるの感《かん》を有《ゆう》すれば也《なり》。神は現前《げんぜん》せり、予《よ》は神に没入《ぼつにゅう》せり、しかも予《よ》は尚《な》お予《よ》として個人格《こじんかく》を失《うしな》わずして在《あ》り。驚《おどろ》くべきかな。この融会相即《ゆうえそうそく》の一境《きょう》、父子有親もしくはSonshipの言葉を以《もっ》て写《うつ》さんには、この一境《きょう》あまりに深く、あまりに切《せつ》に、又《また》あまりに透徹也《とうてつなり》。」

明治《めいじ》三十七年《ねん》十一月《がつ》の某夜《ぼうや》、綱島梁川氏《つなしまりょうせんし》はこの見神《けんしん》の体験的自証《たいけんてきじしょう》によって、今ここに在りて無限につながり、今ここにあって永生に繋がる大自覚《だいじかく》を得《え》たのであった。その時以後彼《ときいごかれ》は「観《かん》ずれば吾等一切衆生《われらいっさいしゅじょう》は久遠劫《くおんごう》の始《はじめ》より神の懐《ふところ》に抱《いだ》かれたる神の子也《なり》、如来《にょらい》の子也《なり》。自覚《じかく》すると自覚せざるとに論《ろん》なく、事実《じじつ》に於《お》いて皆然《みなしか》り」と宣言《せんげん》するを得《う》るに到《いた》ったのである。彼の大自覚は、「今、ここにありて、このままで久遠劫《くおんごう》に繋《つなが》る」のであるから、い

何となれば　なぜならば
驚喜　非常に喜ぶこと
敬畏　おそれ敬うこと。深くうやまうこと
睹る　見ること
現前　目の前にあらわれること
融会相即　一つにとけ合っていること
Sonship　英語。息子であること
透徹　筋道がはっきりと通っていて曖昧なところがないこと
永生　生命が永遠に滅びないで生き通していること

とも明快《めいかい》に三世《ぜ》を踏断《とうだん》して次《つぎ》の如《ごと》くいい得《え》ている。

「我《わ》がいわゆる永生《えいせい》の自覚《じかく》を有《ゆう》するものは、時間《じかん》の制約《せいやく》を超越《ちょうえつ》して、常《つね》に『大《おお》いなる現在《げんざい》』に生活《せいかつ》す。達者《たっしゃ》に生《せい》なく死なしとぞいう。彼《か》れが一念《いちねん》の充実《じゅうじつ》は、能《よ》く三世《ぜ》の因果《いんが》を踏断《とうだん》す。今日《こんにち》かくの如《ごと》くに生《い》き、明日《みょうにち》かくの如《ごと》くに生《い》き、千万年《ねん》また復《ま》たかくの如《ごと》くに生《い》く、何《なに》が故《ゆえ》ぞ、これ神に在りて生くれば也。それ神に在《あ》りて生《い》くる者《もの》は、常住に生くる者也《なり》、真個に生くる者也《なり》。彼《か》れは荘周《そうしゅう》のいわゆる『無遯《むとん》の常住《じょうじゅう》』に遊ぶ者乎《ものか》。ここには復《ま》た生死《しょうじ》流転《るてん》の時劫《じこう》の累《るい》を受けず、いずくんぞ未来生《みらいしょう》に憬《あこが》るるがごとき一念《いちねん》の迷執《めいしゅう》を著けんや。吾等《われら》もし寔《まこと》に神に在《あ》りて生くるの自覚無《な》からんか、いわゆる死《し》後《ご》の未来生活《みらいせいかつ》を千億万年《まんねん》続くるとも、これ尚《な》お依然《いぜん》として神なきなり、依然として永生《えいせい》なきなり、依然として悟達《ごたつ》なきなり、依然として生死《しょうじ》無明《むみょう》の迷《まよ》いに流転《るてん》せざるを得ざるなり。かくても尚《な》お吾人《ごじん》は未来生活を追躡《ついじょう》して息《や》ま

三世　仏教語。前世、現世、来世

踏断　踏み越えること

荘周　荘子の本名。老子とならぶ道家思想の中心人物。万物の差別を否定し、自然にまかせる生き方を説いた

時劫の累　きわめて長い時間の流れにかかわること

迷執　道理に迷い、誤りに執着すること

悟達　悟りの境地に達すること。悟入

吾人　わたくし。われわれ

追躡　追いかけること。追跡

ざらんとする乎《か》、そもそもかくの如《ごと》き生活《せいかつ》、吾人《ごじん》の真生活《しんせいかつ》と何《なん》の交渉《こうしょう》かある。神に生きずして時に生きんとするものは禍なるかな、これ豈真個《あにしんこ》の永生《えいせい》ならんや。」

ここに彼《か》れ梁川《りょうせん》は、「今《いま》、この一点《てん》にこのまま、無限永生《むげんえいせい》とつながる大自我《だいじが》」の生活を説《と》いているのである。彼とは何《なん》ぞや、我とは何《なん》ぞや、この一点にありて無限《むげん》の大生命《だいせいめい》に繋《つな》がるものである。今この一点——幅《はば》なく厚《あつ》みなくして、一切所《いっさいしょ》に遍満《へんまん》する大生命《だいせいめい》であり、今この一点——長さなく持続《じぞく》なくして一切時《いっさいじ》を踏《ふ》み超《こ》えた大生命《だいせいめい》である。神、我《わ》れであり、我《わ》れ、神であり、神すべてであり、我《わ》れ渾《すべ》てである。神すべてであり我《わ》れ渾《すべ》てなるが故《ゆえ》に、神のほか、善《ぜん》のほか、至美至妙《しみしみょう》なるもののほか何《なに》ものもないはずである。梁川《りょうせん》にして、この神のほか、善《ぜん》のほか、至美至妙《しみしみょう》なるもののほか何《なに》ものもないことが本当《ほんとう》に自覚《じかく》されたならば、彼《かれ》の病《やまい》も「無い」ことが判《わか》ったであろうし、

豈…や　どうして…だろうか、いや…でない

それと共《とも》に彼《かれ》の病《やまい》も癒《い》えたであろうが、今一歩のところで、彼は「生長《せいちょう》の家《いえ》」の説《と》く大真理《だいしんり》の閾《しきい》をまたぐことが出来《でき》なかったのである。今一歩《いまいっぽ》のところとは何《なん》であるかというならば、彼はあの明治《めいじ》三十七年《ねん》十一月某夜《がつぼうや》の恍惚《こうこつ》境《きょう》からさめて現実界《げんじつかい》を見たときに、「一点《てん》にあってこのまま永生《えいせい》につながる自覚《じかく》」を得《え》ながらも、尚、そこに現象世界、物質世界の実在せることを見たのである。ここに彼の自覚の墜落《ついらく》があり、現象世界《げんしょうせかい》、物質世界《ぶっしつせかい》をありと見たるが故《ゆえ》にそれが高き閾《しきい》となって「紙《かみ》一枚《まい》の差《さ》」を打破《うちやぶ》って彼は「生長の家」と同等《どうとう》の自覚に入《い》ることが出来なかったのである。

　梁川《りょうせん》は我《わ》れ神につながる大自覚《だいじかく》を得《え》たる後《のち》に、「生長の家」の所説《しょせつ》と同じく、「在るもの皆善《みなよ》し」の自覚を得《え》ていた。しかし、その「在るもの」なる意味《いみ》が、「生長の家」とは甚《はなは》だ異《こと》なっていたのである。生長の家では一切現象《いっさいげんしょう》本来無《ほんらいな》しと截《た》ち切《き》ってしまったのちに実在《じつざい》のみの風光《ふうこう》を見て、「在《あ》るもの皆《みな》善《よ》し」と絶対自覚《ぜったいじかく》より称《い》うのであるが、彼は一切現象を、物質《ぶっしつ》を、「本来無《む》

閾をまたぐ　家に入る。訪れる。

風光　美しい景色。すばらしい風景

なり」と空《くう》じ去《さ》ること能《あた》わずして、それを空《くう》じ去《さ》ることを「消極的《しょうきょくてき》なるあきらめ門」と批評《ひひょう》し、「物質《ぶっしつ》あり、現象《げんしょう》あり、併《しか》して病苦《びょうく》あり、悲惨《ひさん》あり、これ事実なり」として、それを在《あ》るがままに事実として認《みと》むることを勇者《ゆうしゃ》とし、そして「在るもの皆善《みなよ》し」と見ようとしたのである。

では、例《たと》えばここに彼《かれ》の胸《むね》の病気《びょうき》がある。彼はそれに対《たい》して如何《いか》なる態度《たいど》をとったかというならば、彼は、神に造《つく》られたるこの世界《せかい》に「在《あ》るもの皆善《みなよ》し」と観《かん》じながらも、病気の如《ごと》き厭《いと》わしきもの、醜《みにく》きもの、悪《あく》なるものを無しと空《くう》ずることが出来《でき》なかったのである。彼は、神のみありとの自覚《じかく》に入《い》りながらも現象無《げんしょうな》し、物質無《ぶっしつな》しと空《くう》じ去《さ》ることが出来なかったがために、現象も物質も神のうちに包摂《ほうせつ》せられて一如《いちにょ》の中《うち》に融会《ゆうえ》する立場《たちば》からしてのみ、この病気の如《ごと》き醜きもの悪《あ》しきものをも、「在《あ》るもの皆善《みなよ》し」の中《なか》に包容《ほうよう》せんとしたのである。即《すなわ》ち彼に於《お》ては「病気そのもの」は無いではなく、また病気それ自身《じしん》は善《ぜん》でもないが、「現在《げんざい》」と「当在《とうざい》」とを対峙《たいじ》せしめて、そ

併して　そうして

包摂　包み込むこと
現在　ここでは、目の前に現れていること
当在　そうであるべきこと。当為
対峙　対立する二つの勢力が張り合って動かずにいること

れを平面的《へいめんてき》に押《お》しならしたる状態《じょうたい》に於《おい》て、「病気《びょうき》も善《ぜん》としてある」と認《みと》めたのである。病気を仮《か》りに「褐色《かっしょく》の絵具《えのぐ》の一点《てん》」であると喩《たと》えれば、「褐色の一点」そのものは美しいことはないのであるが、全体《ぜんたい》の画面《がめん》に対《たい》して、この「褐色の一点」があるために絵画全体《かいがぜんたい》が引立《ひきた》って見えるというが如《ごと》き意味《いみ》に於《おい》て、この「褐色の一点」もまた美しいと観《かん》じたのである。それと同じく、彼《かれ》に於《おい》ては彼の病気は苦しければ苦しい程《ほど》、全実在《ぜんじつざい》に対《たい》する強調点《きょうちょうてん》を持ち、全実在が美しく映《は》えるというが如《ごと》き人生観《じんせいかん》を有《も》っていたのである。彼は「涙《なみだ》そのものが喜《よろこ》びを深うし」「敵《てき》に石にて打ち殺さるる刹那《せつな》、顔貌天使《がんぼうてんし》の如《ごと》く輝《かがや》く」のであった。即《すなわ》ち彼は「在《あ》るもの皆善《みなよ》し」という彼の自覚《じかく》を説明《せつめい》して、「如是我証《にょぜがしょう》」なる一文《ぶん》の中《なか》で次《つぎ》の如《ごと》くいっている——

「『在《あ》るもの皆善《みなよ》し』という。されど吾人《ごじん》をして軽々《けいけい》にこの語《ご》に躓《つまず》くこと勿《なか》らしめよ。それ『在《あ》るもの皆善《みなよ》し』とは畢竟《ひっきょう》ずるに吾人《ごじん》が通常謂《つうじょうい》うところ

「如是我証」 綱島榮一郎（梁川）著『回光録』所収

の『在《あ》り』と『在《あ》るべし』と、『現在《げんざい》』と『当在《とうざい》』との対峙《たいじ》を実相一如《じっそういちにょ》の光《こう》景《けい》に融会《ゆうえ》せしめて見たる時《とき》の語《ご》、他語《たご》もていえば『現在』と『当在《とうざい》』との高《こう》低階《ていかい》を、更《さら》に『大《おお》いなる現在』ちょう一平面《へいめん》に押《お》しならしたる時の語なりと知らずや。それ一《ひと》たび絶対峰上《ぜったいほうじょう》に立って実在《じつざい》の千波万波《せんぱまんぱ》を瞰《み》おろさんか、一切《いっさい》は皆唯《みなただ》『現在』の真《しん》あるのみ、美《び》あるのみ、善《ぜん》あるのみ。……一切は皆《みな》在《あ》るがままにて善也《ぜんなり》。」

即《すなわ》ち、梁川《りょうせん》のいうところを一層判《いっそうわか》りやすく表現《ひょうげん》せば、今画家《いまがか》の画筆《えふで》より打《う》ち卸《おろ》される「褐色《かっしょく》の一点《てん》」(現在の惨苦《さんく》)も、実相一如《じっそういちにょ》のカンバスの上《うえ》にやがて打たるる他《た》の配色《はいしょく》(当在《とうざい》)との関係上《かんけいじょう》、「現在」と「当在《とうざい》」とを一望《ぼう》の下《もと》に俯瞰《ふかん》し得《う》る時間空間《じかんくうかん》を絶《ぜっ》したる実相一如《じっそういちにょ》の神なる立場《たちば》より観《み》るならば、それはそのままで絶対美《ぜったいび》であり、絶対真《ぜったいしん》であり、絶対善《ぜったいぜん》であるとするのである。ここに於《お》いては病気《びょうき》は空《くう》じ去《さ》られず、不幸《ふこう》は空《くう》じ去《さ》られず、ただ高揚《こうよう》して

他語もて　ほかの言葉で

絶対峰上　対立するものがない山の頂上

惨苦　つらい苦しみ

俯瞰　高い所から見下ろして眺めること

高揚　精神や士気などが高まること

実相一如《じっそういちにょ》の真善美《しんぜんび》の空《そら》よりそれを俯瞰《ふかん》して美《うつく》しといい得《う》るに過《す》ぎずして、地《ち》に立って現在《げんざい》に生活《せいかつ》すれば実相《じっそう》の峻峰《しゅんぽう》は永《とこし》えに天《てん》を摩《ま》して高く、それに到《いた》らんとするも道遠《みちとお》く且《か》つ嶮難《けんなん》であるのである。だから、彼《かれ》は「如是我証《にょぜがしょう》」の中《なか》で「唯《た》だこの事実に面《めん》しては何人《なんぴと》もこれを得否《えいな》まじ、吾人乃《ごじんすなわ》ち観《かん》ずらく、吾等《われら》は弱し、当《まさ》に強からざるべからず、吾《われ》らは完《まった》からず、当《まさ》に完《まった》からざるべからず」と嘆《たん》じているのである。彼《かれ》は「事実に面《めん》しては」という。しかしその「事実」とは何《なん》ぞや。現象《げんしょう》のみ、本来無《ほんらいな》きもののみ。しかもこの「本来無《な》き現象」をありと観《み》る限《かぎ》り、彼の如《ごと》く実相一如《じっそういちにょ》の世界《せかい》に没入《ぼつにゅう》する体《たい》験《けん》を得《う》るとも、何人《なんぴと》も「吾等《われら》は弱し、吾《われ》らは完《まった》からず」と嘆《たん》ぜざるを得《え》ないのである。しかし、これを「事実」というのは間違《まちが》いであるのである。知れ、事実というは実相のみであるのである。だから実相の実在《じつざい》のみを強調《きょうちょう》し「弱きものは無し、完《まった》からぬもの無し」と、一切《いっさい》の悪《あく》を空《くう》じ去《さ》って、しかして「一切皆善《いっさいかいぜん》の実相的事実《じっそうてきじじつ》」のみを肯定《こうてい》するとき、吾《われ》らは現象的事実《げんしょうてきじじつ》を

峻峰　けわしい山の頂上
天を摩す　天に接するくらい高い
嶮難　道などが険しく、進むのが困難なこと
得否まじ　否定できないだろう
観ずらく　考えることには

も征服《せいふく》し得《え》て、「吾等《われら》は弱し、吾《われ》らは完《まった》からず」と現象的事実《げんしょうてきじじつ》に征服された弱音《よわね》を吐《は》く必要《ひつよう》がなくなるのである。

生長《せいちょう》の家《いえ》はかく「実相皆善《じっそうかいぜん》」のみを強調《きょうちょう》して、「現象《げんしょう》は無《む》なり」と現象《げんしょう》的不幸一切《てきふこういっさい》を空《くう》じ去《さ》る。さればこそ現実《げんじつ》を征服する現実的威力《げんじつてきいりょく》を発揮《はっき》するのである。「現象あり」と観《かん》ずれば吾《われ》らは現象に力《ちから》を認《みと》めるが故《ゆえ》に現象を征服することが出来《でき》ないのである。「現象も現象として在るのであって、かく本《ほん》体界《たいかい》のみを主張《しゅちょう》し、本体界《ほんたいかい》の完全観念《かんぜんかんねん》を現象界《げんしょうかい》にも適用《てきよう》せんとするのは、本体界《ほんたいかい》と現象界とを混同《こんどう》するものである」との諸宗教家《しょしゅうきょうか》又《また》は哲学者《てつがくしゃ》よりの非難《ひなん》があるが、吾《われ》らは本体界《ほんたいかい》と現象界とを混同するのではない、混同とは現象界を在《あ》りと認《みと》めての立場《たちば》であるが、吾《われ》らは現象界無《な》しと自覚《じかく》するが故《ゆえ》に、無きものは混同するの恐《おそ》れなきが故《ゆえ》に、吾《われ》らはただ常《つね》に本体界《ほんたいかい》の完全性《かんぜんせい》のみを主張《しゅちょう》するのである。その結果《けっか》、本体界《ほんたいかい》の完全性がそのまま現象界に投影《とうえい》して、現象界の不幸《ふこう》を征服することが出来るのである。「現象は現象と

本体界　本当にある世界。実在の世界

して在《あ》るのである」といって現象界《げんしょうかい》を本体界《ほんたいかい》に対立《たいりつ》せしめたり、「本体界《ほんたいかい》の自叙自展《じじょじてん》が現象界であって、本体界《ほんたいかい》と現象界とは一如《いちにょ》である、そして、現象界は本体界《ほんたいかい》のうちに包摂《ほうせつ》せられるものである」というような在来《ざいらい》の見方《みかた》を脱《だっ》し得《え》ないような宗教《しゅうきょう》では、到底《とうてい》それは現実人生《げんじつじんせい》を支配《しはい》することが出来《でき》ないのである。生長《せいちょう》の家《いえ》の思想《しそう》が、かく素晴《すば》しい現実人生の支配力《しはいりょく》を有《ゆう》しているのは、主《しゅ》として「現象無《げんしょうな》し」とスカッと截《た》ち断《き》り、実相独在《じっそうどくざい》を明快《めいかい》に斬然《ざんぜん》と主張《しゅちょう》しているからであるのである。

自叙自展　自らを表現し、展開すること

斬然　刀で一刀両断するように明快に。すぱっと

第六章　『維摩経《ゆいまきょう》』及《およ》び『涅槃経《ねはんぎょう》』に現《あらわ》れたる「肉体無《にくたいむ》」

頭注版㉗一三〇頁

一

「是《こ》の身《み》は幻《まぼろし》の如《ごと》く顚倒《てんどう》より起《おこ》る。是《こ》の身《み》は夢《ゆめ》の如《ごと》く虚妄《こもう》の見《けん》たり。是《こ》の身《み》は影《かげ》の如《ごと》く業縁《ごうえん》より現《げん》ず、是《こ》の身《み》は響《ひびき》の如《ごと》く諸々《もろもろ》の因縁《いんねん》に属《ぞく》す。是《こ》の身《み》は浮雲《ふうん》の

顚倒　逆さまになること
虚妄の見　うそ、いつわりの表れ
業縁　仏教語。苦楽の報いを招く原因

如《ごと》く須臾《しゅゆ》にして変滅《へんめつ》す。是《こ》の身《み》は稲妻《いなづま》の如《ごと》く念々《ねんねん》に住《とどま》らず」

（『維摩経《ゆいまきょう》』「方便品《ほうべんぼん》」）

ここに引用《いんよう》しましたのは『維摩経《ゆいまきょう》』の「方便品《ほうべんぼん》」の一節《せつ》であります。『維《ゆい》摩経《まきょう》』には、このように「是《こ》の身《み》は幻《まぼろし》の如《ごと》く顛倒《てんどう》より起《おこ》る。是《こ》の身《み》は夢《ゆめ》の如《ごと》く虚妄《こもう》の見《けん》たり」とちゃんと書いてあります。生長《せいちょう》の家《いえ》で「肉体本来《にくたいほんらい》ない」と申《もう》しますと、「肉体がこのようにあるように見えているのにないなどと説《と》く。社会的通念《しゃかいてきつうねん》に反《はん》する乱暴《らんぼう》な事《こと》である。こういう教《おしえ》は邪教《じゃきょう》である」と批評《ひひょう》する人《ひと》がありますけれども、『維摩経《ゆいまきょう》』にはちゃんと「是《こ》の身《み》は幻《まぼろし》の如《ごと》く顛倒《てんどう》より起《おこ》る」と説かれているのです。顛倒《てんどう》というのは迷《まよ》いのことです。迷いとは要《よう》するに逆《さかさ》までである。無《な》いものを有《あ》ると見て、有《あ》るものを無《な》いと見る、これが顛倒《さかさま》であります。肉体は本来ないにもかかわらず、それを有《あ》るように見る、それが顛倒《さかさま》であります。その無《な》いものを有《あ》ると観《み》る顛倒《まよい》か

須臾　仏教語。わずかの間。たちまち
変滅　変化して滅びること
念々　仏教語。ごく短い時間。一瞬一瞬

らこの身《み》は起《おこ》っているのです。これを「是《こ》の身《み》は幻《まぼろし》の如《ごと》く顚倒《てんどう》より起《おこ》る」というのですが、つまり生長《せいちょう》の家《いえ》で申《もう》す「肉体《にくたい》なし」という事《こと》であります。『維摩経《ゆいまきょう》』のように難《むつか》しく説《と》くと何《なん》だか高尚《こうしょう》らしいけれども、我々《われわれ》の心にはぴったり来《こ》ないのです。ところが、生長の家は簡単《かんたん》に通俗語《つうぞくご》を使って「肉体なし」というから、それだけ現代人《げんだいじん》によく分《わか》って、迷《まよ》いが解脱《げだつ》され、病気《びょうき》も立処《たちどころ》に治《なお》る例《れい》があるのであります。

「是《こ》の身《み》は夢《ゆめ》の如《ごと》く虚妄《こもう》の見《けん》たり」即《すなわ》ちこの身《み》は夢のようなものであって、要《よう》するに虚《うそ》のものであるというのです。「是《こ》の身《み》は影《かげ》の如《ごと》く業縁《ごうえん》より現《げん》ず」とあるのは、この身《み》は影のようなもので、実体《じったい》ではない。実物《じつぶつ》ではない。業《ごう》縁《えん》より現《あらわ》れたものだというのです。業《ごう》というのは我々《われわれ》の行《おこな》い、行いというのは何《なに》かというと、動きです。動きとは何《なに》かというと波動《はどう》である。バイブレーションである。バイブレーションですから肉体的行動《にくたいてきこうどう》でなくても心に思うこと、言葉に出すこと皆業《みなごう》であります。それでこの是《こ》の身《み》はどういうものであ

高尚　けだかくて立派なさま

通俗語　世間一般にわかりやすい言葉

立処に　すぐにその場で。すぐさま

バイブレーション　vibration　振動

るかというと、業即《ごうすなわ》ち波《なみ》から生《しょう》じたものだというのです。これは近代科学《きんだいかがく》の唱《とな》えているところの、一切《いっさい》の現象世界《げんしょうせかい》はエーテル波動《はどう》の変化《へんか》の形式《けいしき》であるというのに一致《いっち》します。このエーテルの波動が縁《えん》に触《ふ》れて形《かたち》を現《あら》わしているというのです。業《ごう》だけではまだ形を現わさないので、業《ごう》が縁《えん》に触れて形を顕《あらわ》すのです。これを「是《こ》の身《み》は業縁《ごうえん》より生《しょう》ず」というのです。現代《げんだい》の科学も仏教《ぶっきょう》も生長《せいちょう》の家《いえ》もちっとも変《かわ》らないのです。すべて形あるものは波動が縁《えん》に触れて形を現したのであります。例《たと》えば、太陽《たいよう》の光線《こうせん》はエーテルの波動である、波《なみ》である。これも「縁《えん》」にふれて光線を現わすので、「縁《えん》」というものがなければ、いくら太陽の光線でも光《ひかり》が見えないのです。例えば我々《われわれ》は地《ち》上《じょう》を去る事《こと》四十里《り》、五十里の高所《こうしょ》へ行《ゆ》きますと、そこは暗黒《あんこく》の世界《せかい》である。太陽に一層《いっそう》近い処《ところ》へ行《ゆ》くのですから一層明るいはずだと思っても、そうではなくて、全《まった》くの暗黒世界《あんこくせかい》だと科学者《かがくしゃ》はいっています。それは太陽から来《く》る光の波動があっても真空圏《しんくうけん》ですから光を反射《はんしゃ》する「縁《えん》」がない。光の波動ばか

四十里　約一六〇キロメートル

真空圏　何ものも存在しない空間

りあっても、光《ひかり》を反射《はんしゃ》する「縁《えん》」がないから、形《かたち》が現《あら》われて来《こ》ないのであります。又《また》、この地上《ちじょう》に達《たっ》している太陽《たいよう》の光にしても盲人《もうじん》には見えないのは、盲人にも光の波《なみ》が達《たっ》しているけれども、それを形に顕《あらわ》す「縁《えん》」がないからです。これは視覚上《しかくじょう》に顕《あらわ》れる形ですが、聴覚《ちょうかく》、嗅覚《きゅうかく》、味覚《みかく》は勿論《もちろん》のこと触覚《しょっかく》的存在《てきそんざい》でさえも「縁《えん》」がなかったら存在《そんざい》の姿《すがた》があらわれないのです。触覚的存在だけは、感覚器官《かんかくきかん》というような「縁《えん》」がなくとも具体的存在《ぐたいてきそんざい》であろうと考える人《ひと》がありましょうが、この触覚的存在の分子間《ぶんしかん》との距離《きょり》は、大《おお》いさの比率《ひりつ》から行《ゆ》くと、天体《てんたい》と天体との間《あいだ》の距離ほどあるのですから、その間《あいだ》を自《じ》由《ゆう》に通過出来《つうかでき》るはずであるのに、それが固体《こたい》として吾々《われわれ》が通過出来ないのは「縁《えん》」によってそうなるので、そんな「縁《えん》」がなければ固体も何《なん》らの障礙《しょうがい》とならずに通過出来るのです。現《げん》に宇宙線《うちゅうせん》やX線《せん》や幽霊《ゆうれい》はそれを通過して出入《しゅつにゅう》するのです。このように業《ごう》(波動《はどう》)があっても「縁《えん》」がないときは現《あら》われない。要《よう》するに我々《われわれ》の肉体は業《ごう》が或《あ》る「縁《えん》」にふれて現《あらわ》れているのであり

障礙　さまたげになること

宇宙線　宇宙から絶え間なく地球に降り注ぐ放射線の総称

X線　電磁波の一種。レントゲン線

ますから、それは縁相応《えんそうおう》に現《あらわ》れるだけであって、しっかりとそれ自体《じたい》で具体《ぐたい》的《てき》に確乎《かっこ》とした存在《そんざい》であるわけではないのです。唯我々《ただわれわれ》の心の波《なみ》が縁《えん》にふれて、そういう工合《ぐあい》に見えるだけのものが、これがこの肉体《にくたい》であります。それですから、『維摩経《ゆいまきょう》』には「是《こ》の身《み》は響《ひびき》の如《ごと》く諸々《もろもろ》の因縁《いんねん》に属《ぞく》す。是《こ》の身《み》は浮雲《ふうん》の如《ごと》く須臾《しゅゆ》にして変滅《へんめつ》す。是《こ》の身《み》は稲妻《いなづま》の如《ごと》く念々《ねんねん》に住《とど》まらず……」といっているのです。

この響《ひびき》という喩《たとえ》は中々《なかなか》よい喩《たとえ》であります。例《れい》せばラジオの放送局《ほうそうきょく》からアナウンサーが放送しても、吾々《われわれ》の宅《たく》にラジオのセットがなければ「縁《えん》」がないから響《ひびき》が現《あらわ》れて来《こ》ないでありましょう。然《しか》るにラジオのセットという縁《えん》があって、その波《なみ》を受けた時《とき》、そこにはじめてラジオの波動《はどう》が五官《ごかん》に触《ふ》れる感《かん》覚的存在《かくてきそんざい》として顕《あらわ》れてくるのであります。この肉体はラジオ・セットで聴《き》く響《ひびき》と同じようなものであるのであります。ラジオ・セットの場合《ばあい》には耳に訴《うった》えるようになりますけれども、あの「縁《えん》」がテレビジョン装置《そうち》である場合を想像《そうぞう》してみますと、吾々《われわれ》は本来《ほんらい》見えないところの波動《はどう》(業《ごう》)を「縁《えん》」によって形《かたち》として見る事《こと》が出来《でき》ることが理解《りかい》出来るでありましょう。ところでラジオやテレビジョン装置《そうち》に出《で》て来《く》る響《ひびき》や形が、そこに聴《きこ》え、ここに見えるからといって、実物《じつぶつ》のアナウンサーや実物の形がそのセットにあるのではないのであって、そこには唯業《ただごう》があり、波《なみ》があるだけなのであります。その業《ごう》が、波が、ラジオのセット、テレビジョンの装置の如《ごと》き「縁《えん》」に触《ふ》れて、そこに五《ご》官《かん》に触れる如き相《すがた》を現《あらわ》したのであります。そういうふうに我々《われわれ》の体《からだ》は本来ないのであって、唯業《ただごう》が、波が、あるだけなのです。唯《ただ》、業《ごう》が縁《えん》に触れて、こういうふうな形に現れているのに過《す》ぎないのですから、吾々《われわれ》は「肉体《にくたい》本来なし」というのであります。それはただ因縁《いんねん》に属《ぞく》している、だから「是《こ》の身《み》は響《ひびき》の如《ごと》く諸々《もろもろ》の因縁《いんねん》に属《ぞく》す」とあるのであります。吾々《われわれ》の身《み》の亡《ほろ》びるのは本来ないものであるからであります。吾々《われわれ》の身《み》は確乎《かっこ》として金剛不壊《こんごうふえ》のものではないので、縁《えん》によって形を現《あらわ》すのですから、縁《えん》がなければたちまち消滅《しょうめつ》してしまうのは当然《とうぜん》であります。要《よう》するに業因《ごういん》というものは縁《えん》に触《ふ》れてこういうふうに形《かたち》を現《あらわ》しているけれども、それは或《あ》る縁《えん》に触れてそう顕《あらわ》れて見えるだけで、縁《えん》が変《かわ》れば相《すがた》が変《かわ》る、確乎《かっこ》とした本来《ほんらい》の形はないのです。例《たと》えばここに無形《むけい》の水蒸気《すいじょうき》があるとしますと、温度《おんど》が低いときには低温《ていおん》という「縁《えん》」に触れて水蒸気が凝結《ぎょうけつ》して、雲《くも》の形に現われている。こういうふうに温度が低いというような縁《えん》がなければ水蒸気はあっても形は現れない。又《また》、たとい低温で水蒸気が凝結《ぎょうけつ》しましても空気《くうき》という助縁《じょえん》がなければ雲の形には現《あらわ》れない。空気という「縁《えん》」があるから雲になって見えるのです。このように「縁《えん》」がなければたちまち形がなくなる。これが「肉体《にくたい》」の本当《ほんとう》の相《すがた》であって、このような肉体という肉体は本来ないものである。ただ業《ごう》が縁《えん》によって形を現《あらわ》しているのであります。業縁《ごうえん》によって形を顕《あらわ》しているものですから、肉体は自分《じぶん》の本体《ほんたい》ではないのであります。これが『維摩経《ゆいまきょう》』には「是《こ》の身《み》は浮雲《ふうん》の如《ごと》く須臾《しゅゆ》にして変滅《へんめつ》す」とある事《こと》であります。次の「是《こ》の身《み》は稲妻《いなづま》の

凝結　水蒸気が水になること。また、微粒子が集合して、より大きな粒子を作って沈澱すること

助縁　主たる縁を補助する働きの縁

如《ごと》く念々《ねんねん》に住《とど》まらず……」というのは、吾々《われわれ》の肉体《にくたい》は、そのように波動《はどう》が縁《えん》に触《ふ》れて形《かたち》を顕《あらわ》しているところのものですから、有《あ》ると思っていても一瞬《いっしゅん》一瞬消えてしまうものだということであります。ですから我々《われわれ》はこの肉体というものは、本来《ほんらい》そういうものであることを本当《ほんとう》に悟《さと》る事《こと》が必要《ひつよう》で、我々《われわれ》の肉体は始《はじ》めから確乎《かっこ》として有《あ》ると思う限《かぎ》り、これに執著《しゅうじゃく》して歎《なげ》き悲しむ事《こと》になる。ちょっと病気《びょうき》したり死んだりすると、歎《なげ》き悲しむのですが、要《よう》するにこの身は稲妻《いなづま》のようなもので、初《はじ》めから無《な》いものですから、消えてしまうのが当然《とうぜん》であります。大谷光瑞氏《おおたにこうずいし》も、その『無題録《むだいろく》』六九に「死を大事《だいじ》なりとなすは、皆自己《みなじこ》を存在《そんざい》せるものなりと誤信《ごしん》するより来《きた》る。既《すで》に身の存《そん》するなし。何《いずれ》の処《ところ》にか生死《しょうじ》あらんや」といっていられます。仏教徒《ぶっきょうと》は自己《じこ》が説《と》いたら正説《せいせつ》とするところを、他《た》が説いたら邪教《じゃきょう》だというのですから、その迷《めい》蒙驚《もうおどろ》くべきものがあります。

この肉体を観察致《かんさついた》しますならば、我々《われわれ》の細胞《さいぼう》は常《つね》に一瞬一瞬変化《へんか》して止《とど》ま

迷蒙 道理を知らず誤りを真実と思い込むこと。迷妄

らないのであります。瞬刻《しゅんこく》も止《や》まざる変化《へんか》が我々《われわれ》の肉体《にくたい》であるけれども、ぼんやり眺《なが》めているから、昨日《きのう》の肉体今日《きょう》ありで、生きている間《あいだ》はいつも同じようなものだと思っていますけれども、精《くわ》しく観察《かんさつ》しますと、常《つね》に念々《ねんねん》刻々変化《こくこくへんか》して寸時《すんじ》といえども変化代謝《たいしゃ》して止《や》まないところのものであります。これが『維摩経《ゆいまきょう》』の「方便品《ほうべんぼん》」にちゃんと書いてあるのですから、釈迦《しゃか》はさすがに偉《えら》いのであります。

　このように「肉体無《な》し」の思想《しそう》は別《べつ》に生長《せいちょう》の家《いえ》の新発明《しんはつめい》でも何《なん》でもないのであります。ただ新発明のところはその表現《ひょうげん》の仕方《しかた》が違《ちが》うのであります。その表現法《ひょうげんほう》に力《ちから》があるので、心が端的《たんてき》に、生命《せいめい》の本当《ほんとう》の相《すがた》にぶっつかるので『生命《せいめい》の實相《じっそう》』を読んだら病気《びょうき》が治《なお》ったりすることが頻々《ひんぴん》と起《おこ》るのです。その説くところは天地《てんち》と共《とも》に存《そん》する古き真理《しんり》でありますが、表現ということに重きを置《お》きますと、哲学《てつがく》とか宗教《しゅうきょう》とかいうよりも芸術《げいじゅつ》といわねばなりません。私は宗教家《しゅうきょうか》といわれるよりもこの点《てん》で芸術家《げいじゅつか》とか文芸家《ぶんげいか》とかい

瞬刻　またたきをする間のように、ごくわずかの時間

念々刻々　仏教語。始終。過ぎゆく時間と共に

われたいと思うのです。そんなに新興宗教《しんこうしゅうきょう》が起《おこ》ったなどといって周章狼狽《しゅうしょうろうばい》することは要《い》らないのです。表現《ひょうげん》が巧《たくみ》であるから、いままで禅宗《ぜんしゅう》などで「不立文字《ふりゅうもんじ》、言詮不及《ごんせんふぎゅう》」といい、「曰《いわ》く言《い》い難《がた》し」とか「言亡慮絶《ごんもうりょぜつ》」とかいって、言葉では現《あらわ》す事《こと》は出来《でき》ないといわれておったところの真理《しんり》を言葉で端的《たんてき》に人間《にんげん》の魂《たましい》にブッ突《つ》けることが出来、悟《さとり》のための修行《しゅぎょう》を非常《ひじょう》に簡略化《かんりゃくか》することになったのであります。今迄何年《いままでなんねん》も坐禅《ざぜん》し、修行して、棒《ぼう》をくらわされたり、喝《かつ》を喰《く》らわされたりして、やっと悟《さと》っていたところの真理が、本を読んだだけで悟れる——全部《ぜんぶ》の人《ひと》がそうでもないが、白隠禅師《はくいんぜんじ》が自己《じこ》の肺病《はいびょう》を治《なお》した位《くらい》の程度《ていど》に悟れる人ならザラにある。これが一《ひと》つの芸術《げいじゅつ》であります。私は新興宗教などといわれるよりも、新興芸術《しんこうげいじゅつ》といわれたいと思うのです。繰返《くりかえ》していいますが、生長《せいちょう》の家《いえ》には新しい真理は一つも発明《はつめい》していない。ただ古今《ここん》の教《おしえ》を言葉の芸術《げいいじゅつ》で読ませるので人の魂《たましい》を生《い》かす力《ちから》が這入《はい》っている。ここに『生命《せいめい》の實相《じっそう》』の力があるのであります。

周章狼狽　あわてふためくさま

不立文字　仏教語。悟りの境地は文字や言葉では表現できないので、心から心へ直接伝えられるものであるということ

言詮不及　仏教語。言葉では説明できないこと

曰く言い難し　『孟子』「公孫丑上」にある言葉。簡単には説明しにくいと言うほかはない

言亡慮絶　言葉で言い表そうとしてもふさわしい言葉はなく、思慮分別しようとしてもその道はないこと

喝　修行者を励まし導くときの叫び声

白隠禅師　白隠慧鶴。臨済宗中興の祖と称される江戸時代中期の禅僧

二

迦葉《かしょう》、仏《ほとけ》に白《もう》して言《もう》さく「世尊《せそん》二十五有《う》に我《が》有《あ》りや否《いな》や。」仏《ほとけ》ののたまわく「善男子《ぜんなんし》、我《が》とは即《すなわ》ち是《こ》れ如来蔵《にょらいぞう》の義《ぎ》、一切衆生《いっさいしゅじょう》悉《ことごと》く仏性《ぶっしょう》あり、即《すなわ》ち是《こ》れ我《が》の義《ぎ》なり……如来今日《にょらいこんにち》、普《あまね》く衆生《しゅじょう》の諸々《もろもろ》の覚宝蔵《かくほうぞう》を示す、所謂《いわゆ》る仏性《ぶっしょう》なり、一切衆生《いっさいしゅじょう》この事《こと》を見已《みおわ》らば、心歓喜《かんぎ》を生《しょう》じて如来《にょらい》を帰仰《きごう》す」

（『大般涅槃経《だいはつねはんぎょう》』「如来性品《にょらいしょうほん》」）

さてここに「迦葉《かしょう》。仏《ほとけ》に白《もう》して言《もう》さく『二十五有《う》に我《が》有《あ》りや否《いな》や』」とありますが、「有《う》」というのは我々《われわれ》が死んでから行《ゆ》くべきところの世界《せかい》のことを、仏教《ぶっきょう》ではこう名づけているのであります。「有《う》」と申《もう》しましても本当《ほんとう》に「実在《じつざい》する」という意味《いみ》ではありません。「仮有《けう》」即《すなわ》ち仮《かり》に存在することを

頭注版㉗一三七頁

迦葉　釈迦の十大弟子の一人。釈迦の入滅後、教団を統率し、経典を結集(けつじゅう)した

世尊　釈迦の尊称

二十五有　仏教語。衆生が流転輪廻する生死の三界(欲界・色界・無色界)をさらに細分して二十五と数えた語。欲界を十四有、色界を七有、無色界を四有に分ける

のたまわく　おっしゃるには

善男子　仏法に帰依した男子

如来蔵　如来を内部に宿すもの

覚宝蔵　悟りの蔵が収められたところ

帰仰　仏教語。仏や菩薩などを心から信じて讃え仰ぐこと

「有《う》」というのであります。

吾々《われわれ》の実相《じっそう》は色々《いろいろ》の世界《せかい》に生《うま》れ更《かわ》るという事《こと》はないのでありますけれども、仮《かり》の存在《そんざい》(有《う》)は色々に生《うま》れ更《かわ》るということが仏教《ぶっきょう》でも説《と》かれているのでありまして、これも「生長《せいちょう》の家《いえ》」の発明《はつめい》ではありません。釈迦《しゃか》の伝記《でんき》たる『過去現在因果経《かこげんざいいんがきょう》』とか『仏所行讃《ぶっしょぎょうさん》』などにも、釈迦《しゃか》が幾回《いくかい》も生《うま》れ更《かわ》って色々の修行《しゅぎょう》して最後《さいご》にこの娑婆世界《しゃばせかい》に出《で》て来《き》たのであると説《と》かれておるのであります。ところが、仏教家《ぶっきょうか》の中《なか》には、生長の家が霊魂《れいこん》を説くことを邪教《じゃきょう》であると罵《ののし》って、仏教《ぶっきょう》は無神論《むしんろん》であるといったり、無霊魂論《むれいこんろん》であるといって、霊魂を説く事《こと》は外道《げどう》であって、本当《ほんとう》の仏教にはそんなことはないと申《もう》される人《ひと》がありますけれども、「外道《げどう》」というと悪魔《あくま》の説《せつ》みたいに思う人があるかも知れませんけれども、外道《げどう》とは「外《ほか》の道《みち》」と書くのであって、悪魔という意味《いみ》でも邪教《じゃきょう》という意味でもないのであります。「これはお釈迦《しゃか》さんの本当《ほんとう》に説いた教《おしえ》ではない、それ以外《いがい》の外の道である」というのが外道《げどう》という

『過去現在因果経』 釈迦の伝記を記した経典。表題は、過去に蒔いた「因」が現在の「果」となって顕れるという意による

『仏所行讃』 馬鳴の著作とされる仏教叙事詩。釈迦の生涯に題材をとった二十八編の韻文。ブッダチャリタとも言う

ことなのであります。ところがお釈迦《しゃか》さんが、どれを本当《ほんとう》に説《と》いたかというと、こいつ中々難《なかなかむつか》しいのでありまして、お釈迦《しゃか》さんは生きておられる中《うち》は、決《けっ》して文章《ぶんしょう》をお書きになりませんでしたし、弟子《でし》が後《あと》でうろ覚《おぼ》えに、あの場合先生《ばあいせんせい》はこう被仰《おっしゃ》ったと、思出《おもいだ》して書いてみて、大抵阿難《たいていあなん》が覚えておって、そいつを説いてみて、「こうであったな」ということを決議《けつぎ》して、それを書き纂《あつ》めた。それが現在《げんざい》のようなお経《きょう》でありまして、どれが本当に釈迦《しゃか》の説教だか、弟子《でし》のうろ覚えだか分《わか》らないのです。中《なか》にはお釈迦《しゃか》さんが死んでから二百年《ひゃくねん》、三百年も経《た》って出来《でき》たお経もある。それですから仏典《ぶってん》に書いてあるといってもお釈迦《しゃか》さんがどれを説いたのか、どれが正説《せいせつ》でどれが外《げ》道《どう》だか分《わか》らないのであります。ですから吾々《われわれ》はそんなことで議論《ぎろん》をしてみても始《はじ》まらないのであります。しかし、これは「肉体《にくたい》の釈迦《しゃか》」の説かれた教《おしえ》であるとか、ないとか、「肉体」ということに捉《とら》われるから、経典《きょうてん》の中《なか》でもどの教《おしえ》が本当の仏道《ぶつどう》であるか、どの教《おしえ》が外道《げどう》であるかという事《こと》が分《わか》らなくなるのです。しかし釈迦《しゃか》というものを肉体《にくたい》と見ずして、「久遠《くおん》の釈迦《しゃか》」として観《み》る場合《ばあい》には、たとい釈迦《しゃか》が死んでから三百年後《ねんご》に出来《でき》た御経《おきょう》でも、或《あるい》はそれから千何年《なんねん》も経《へ》てからユダヤで出来たキリストの教《おしえ》でも、或《あるい》は生長《せいちょう》の家《いえ》の教《おしえ》でも、「久遠《くおん》の永劫生通《えいごういきとお》しの釈迦《しゃか》」というものが、そこに場所《ばしょ》と時《とき》と人《ひと》に相応《ふさわ》しく幾通《いくとお》りにも説法《せっぽう》しているのであって、どれも仏説《ぶっせつ》であり、仏道《ぶつどう》であるという事《こと》がいえるのであります。それが分《わか》らないと歴史的《れきしてき》にお釈迦《しゃか》さんが、本当《ほんとう》に被仰《おっしゃ》ったのかどうかと喧嘩《けんか》したところが、誰《たれ》も証拠人《しょうこにん》は一人《ひとり》もいないのでありまして、どれが嘘《うそ》やら本当やら分《わか》らない、水掛論《みずかけろん》になるわけであります。本当に肉体のお釈迦《しゃか》さんが説いても、間違《まちがい》は間違《まちがい》であるし、肉体の釈迦《しゃか》が説かなくとも、真理《しんり》は真理ですから、必《かなら》ずしも肉体のお釈迦《しゃか》さんが説くから有難《ありがた》いという事はないのであります。本当に吾々《われわれ》を成仏《じょうぶつ》させてくれる、「仏《ほとけ》」を得《え》、「自由解脱《じゆうげだつ》」を得《え》させてくれる教《おしえ》なら、キリスト教であろうと生長の家であろうと、すべて仏教であり、仏道であり、ホトケ(解脱《げだつ》)

水掛論　互いに自分の立場や主張にこだわっていつまでも争うこと

の道《みち》なのであります。この立場《たちば》に立ったとき本当《ほんとう》に万教《ばんきょう》が仲《なか》よく一《ひと》つに帰《き》一《いっ》する事《こと》になるのであります。それだのに「肉体《にくたい》の釈迦《しゃか》」にこだわっていますと、相当《そうとう》の仏教学者《ぶっきょうがくしゃ》が「釈迦《しゃか》は大乗《だいじょう》を説《と》かず、小乗仏教《しょうじょうぶっきょう》のみを説いた。大乗《だいじょう》は後世《こうせい》の拵《こしら》え物《もの》だ」といって、仏教《ぶっきょう》の中《なか》でも互《たがい》に喧嘩《けんか》していなければならなくなるのであります。しかし喧嘩《けんか》することが本当の仏教ではありません。仏教は聖徳太子《しょうとくたいし》の仰《おお》せ給《たま》うたように和《わ》を以《もっ》て尊《とうと》しとするのであります。和《わ》を説いているのが本当の仏教であるのに、仏教内部《ぶっきょうないぶ》で互《たがい》に相排《あいはい》擠《せい》して争《あらそ》っている。ちょっと良《よ》い説《せつ》が出ると自分《じぶん》の宗教《しゅうきょう》が潰《つぶ》れるといかんと、すぐそれを邪教《じゃきょう》だといって、撃滅《げきめつ》しなければならぬと、秘《ひそ》かに運動資《うんどうし》金《きん》を撃滅運動者《げきめつうんどうしゃ》に廻《まわ》して騒《さわ》ぎたてるのは、本当の仏教ではないのであります。そんな撃滅《げきめつ》の心が既《すで》にお釈迦《しゃか》さんの心ではないのであります。

ところでこの「二十五有《う》」の有《う》というのは、仮存在《かりそんざい》のことでありまして、我々《われわれ》の肉体が死にますと四十九日間《にちかん》は中有《ちゅうう》に迷《まよ》うと仏教では説いておりま

聖徳太子　五七四～六二二年。推古天皇の摂政として遣隋使の派遣、冠位十二階や十七条憲法の制定などを行った。四天王寺や法隆寺を建立した

排擠　他をおしのけたり陥れたりすること

撃滅　攻撃して全滅させること

中有　仏教語。肉体の死後、霊魂の行き先が決まるまでの期間。七日間を一期とし、第七の四十九日まで。中陰

す。二十五種類《しゅるい》の仮存在《かりそんざい》の世界《せかい》があるが、まだどこへ行《ゆ》くか極《きま》っていない間《あいだ》が、中有《ちゅうう》に迷《まよ》う期間《きかん》であります。それでこの期間が四十九日間《にちかん》経《た》つと済《す》んで、(神道《しんとう》の方《ほう》では一日《にち》だけ多いのでありまして、五十日という事《こと》になっております。一日ぐらいどっちでも宜《よ》いのであります。) 大体《だいたい》この期間が済みますと、過去《かこ》の業《ごう》に従《したが》ってそれ相応《そうおう》の世界に、その霊魂《れいこん》が転現《てんげん》するのであります。それまで唯《ただ》ふらふらと漂《ただよ》うているような状態《じょうたい》にある。心霊学《しんれいがく》では、こういう霊魂を浮浪《ふろう》の霊《れい》と申《もう》しています。この浮浪期間《ふろうきかん》が済みますと、中《ちゅう》有《う》(中陰《ちゅういん》ともいう)の期間満了《きかんまんりょう》というわけで「満中陰《まんちゅういん》の志《こころざし》」というのを配《くば》ることになっています。「取越満中陰志《とりこしまんちゅういんし》」などといって早く配る人《ひと》がありますが、あんな事はあまり感心《かんしん》しません。この肉体滅後《にくたいめつご》の霊魂が中有《ちゅうう》に迷ってどこへ行《ゆ》くかまだ判然《はんぜん》しない時代《じだい》が中有時代《ちゅううじだい》、即《すなわ》ち待命期間《たいめいきかん》であります。その待命期間が済みましたら満中陰《まんちゅういん》というわけで、今度《こんど》は二十五有《う》に分《わか》れて、お前《まえ》は地獄《じごく》へ行《ゆ》け、お前は畜生道《ちくしょうどう》へ行《ゆ》け、或《あるい》はお前は餓鬼道《がきどう》へ行《ゆ》

転現　巡り変わって現れること

心霊学　心霊現象、超能力、霊能力をはじめとする超常現象から死後の世界など、現代科学では解明できないあらゆる現象についての科学的な究明を図る学問

浮浪　さまよい歩くこと。またその人

待命　命令が下るのを待っていること

畜生道　生前の悪業の報いによって鳥獣・虫魚等の動物に生まれ変わって苦しみを受ける世界

餓鬼道　現世で悪業を行った亡者がここに落ちると飢えと渇きに苦しむとされる

け、というような工合《ぐあい》に、色々分《いろいろわか》れて行《ゆ》くのであります。それを大別《たいべつ》すれば二十五種類《しゅるい》の仮有《けう》の世界《せかい》があるのであります。その世界は、

地獄《じごく》、餓鬼《がき》、畜生《ちくしょう》、阿修羅《あしゅら》、東弗婆提《とうほつばだい》、南閻浮提《なんえんぶだい》、西瞿耶尼《さいくやに》、北鬱単《ほくうつたん》越《えつ》、四王天《おうてん》、忉利天《とうりてん》、焔摩天《えんまてん》、兜率天《とそつてん》、化楽天《けらくてん》、他化自在天《たけじざいてん》、初禅天《しょぜんてん》、梵《ぼん》王天《のうてん》、第《だい》二禅天《ぜんてん》、第《だい》三禅天《ぜんてん》、第《だい》四禅天《ぜんてん》、無想天《むそうてん》、五那含天《ごながんてん》、空処《くうしょ》、識処《しきしょ》、無所有処《むしょうしょ》、非想非非想処《ひそうひひそうしょ》、

と分類《ぶんるい》してあります。自分《じぶん》の業《ごう》(念波《ねんぱ》の蓄積《ちくせき》)に相応《そうおう》したこれら二十五種類の世界の中《うち》のどの世界かに吾々《われわれ》の「仮有《けう》」が転現《てんげん》するのであります。即《すなわ》ち「仮有《けう》」は自分の業《ごう》、即《すなわ》ち念《ねん》の集積相応《しゅうせきそうおう》の世界に生《う》れ更《かわ》って出るのであります。吾々《われわれ》の「仮有《けう》」即《すなわ》ち霊魂《れいこん》はこのように輪廻転生《りんねてんしょう》致《いた》しますが、吾々《われわれ》の実相《じっそう》は本来去来《ほんらいきょらい》なしであります。我々《われわれ》の本体《ほんたい》は如来《にょらい》でありまして、「如来《にょらい》は本来去来《ほんらいきょらい》なし」であって、去って去るところもなければ、来《きた》って来《きた》る処《ところ》もないのであります。本来去来《きょらい》なしでありますけれども、自分の発《はっ》する念波《ねんぱ》に従《したが》

輪廻転生　仏教語。肉体死後の霊魂が生まれ変わり、死に変わること
去来　行ったり来たりすること

ってその念波相応《ねんぱそうおう》の世界《せかい》に形《かたち》を現《あらわ》す事《こと》になるのであります。本来去来《ほんらいきょらい》なくして輪廻転現《りんねてんげん》するということを例《れい》を挙《あ》げて判《わか》り易《やす》く説明致《せつめいいた》しますならば、例《たと》えば我々《われわれ》の実相《じっそう》は放送局《ほうそうきょく》にいる一人《ひとり》のアナウンサーみたいなものであります。実相世界《じっそうせかい》という放送局にいる一人《ひとり》のアナウンサーがしゃべりますと、そのアナウンサーの実体《じったい》は放送室《ほうそうしつ》にいて去来《きょらい》なしでありますが、その言葉の響《ひびき》が、去来《きょらい》して、波長《はちょう》の合《あ》ったラジオのセットの世界に顕《あらわ》れて、そこに言葉の響《ひびき》を現《あらわ》します。その放送の際《さい》に波長をかえれば、AKと同波長《どうはちょう》のセットにかかったり、BKと同波長のセットにかかったり、CKと同波長のセットに掛《かか》ったりします。アナウンサーは同一放送室《どういつほうそうしつ》にいながら放送の波長をかえることによって転現《てんげん》するところのラジオ・セットが異《こと》なるのであります。その転現《てんげん》すべきラジオ・セットが二十五種類《しゅるい》セットあると考えれば、吾々《われわれ》の実相が去来《きょらい》することなくして、その仮有《けう》(霊魂)が二十五有《う》の世界に転生《てんしょう》するという大体《だいたい》の観念《かんねん》が得《え》られるであろうと思います。自分《じぶん》の実相はどこまでも決《けっ》して

AK JOAK。NHK東京第一放送のコールサイン
BK JOBK。NHK大阪第一放送のコールサイン
CK JOCK。NHK名古屋第一放送のコールサイン

去来《きょらい》なしで、実相世界《じっそうせかい》の放送室《ほうそうしつ》にちゃんと坐《すわ》っていて、心の波《なみ》を立てる、つまりアナウンスするのです。すると二十五種類《しゅるい》の波長別《はちょうべつ》のラジオ・セット（環境世界《かんきょうせかい》）がある、そのラジオ・セットに、或《あるい》は地獄《じごく》とか、餓鬼《がき》とか、畜生《ちくしょう》とかいう表札《ひょうさつ》がかかっているのです。そして地獄というセットにかかるような念波《ねんぱ》を発《はっ》しますと、その念波《ねんぱ》が地獄というセットにかかって苦しむような状態《じょうたい》が現《あらわ》れるのです。これを「六道《どう》を輪廻《りんね》し、二十五有《う》に転生《てんしょう》する」というのであります。そういう二十五有《う》の世界《せかい》に転生《てんしょう》する霊魂《れいこん》というものには「我《が》」という本体《ほんたい》があるのかと、迦葉《かしょう》がお釈迦《しゃか》さんに聞いているのが、「二十五有《う》に我有《があ》りや否《いな》や」ということです。ところが釈迦《しゃか》は「そんな二十五有《う》の世界に転生《てんしょう》する霊魂なんかには『我《が》』はないんだ。つまりそれはラジオのセットに引っかかっている声《こえ》であって、その声の姿《すがた》を聴《き》いていると色々生《いろいろう》まれ更《かわ》って餓鬼道《がきどう》で苦しむ姿や、或《あるい》は化楽天《けらくてん》で楽《らく》をしている姿などが見えたり聴《きこ》えたりするけれども、そんなものは念波《ねんぱ》がラジオに引っかかって

六道　衆生が生前の業因によって生死を繰り返す六つの迷いの世界。地獄・餓鬼・畜生・阿修羅・人間・天上。「ろくどう」とも「りくどう」とも読む

化楽天　三界のうちの欲界に属し、地上から数えて第五番目の天。自ら楽しい情況を作り出し、八千歳の寿命を保つという

響《ひびき》を立てているだけであって、『本当《ほんとう》の我《われ》』というものがラジオ・セットに引っかかったり、ラジオ・セットの中《なか》で苦しんだりするのではない」といわれたのです。

そこで、「仏《ぶつ》のたまわく『善男子《ぜんなんし》、我《が》とは即《すなわ》ち是《こ》れ如来蔵《にょらいぞう》の義《ぎ》、一切衆生《いっさいしゅじょう》悉《ことごと》く仏性《ぶっしょう》あり、即《すなわ》ち是《こ》れ我《が》の義《ぎ》なり』」とあるので本当の我というのは如来蔵である。即《すなわ》ち悟《さとり》の蔵《くら》である。実相《じっそう》が即《すなわ》ち「我《われ》」である。如来《にょらい》の本源《ほんげん》が本当の「我《われ》」である。諸方《しょほう》に転現《てんげん》するような姿《すがた》に「我《われ》」というものはない。ラジオ・セットに出《で》て来《く》るアナウンサーは影《かげ》ばかりで「実相の我《われ》」ではない。それは消《き》え行《ゆ》く姿であるが、実相の我《われ》を透見《すきみ》したならば、一切衆生《いっさいしゅじょう》　悉《ことごと》く仏性《ぶっしょう》あり、皆《みな》そのまま仏《ほとけ》さまであり、救《すく》われているのであります。一切の生きとし生けるもの　悉《ことごと》く実相の世界では皆仏《みなぶつ》である。こういうのがこれが「一切衆生《いっさいしゅじょう》　悉《ことごと》く仏性《ぶっしょう》あり」ということであります。

透見　のぞいて見ること。透かして見ること

頭注版㉗一四四頁

三

たとい無量《むりょう》百千億《おく》の魔《ま》も如来《にょらい》の身血《しんけつ》を侵《おか》し出《いだ》すこと能《あた》わず。故《ゆえ》は如何《いか》ん。如来《にょらい》の身《み》は血肉《けつにく》、筋脈《きんみゃく》、骨髄《こつずい》に非《あら》ず。如来《にょらい》は真実《しんじつ》にして実《じつ》に悩壊《のうえ》なし。

（『大般涅槃《だいはつねはん》経《ぎょう》』「月喩品《がつゆほん》」）

この仏性《ぶっしょう》こそ「我《われ》」というものの本当《ほんとう》の意味《いみ》である。そのほかに「我《われ》」はない。今《いま》私は涅槃《ねはん》に入《い》るに当《あた》って、今こそはじめて衆生《しゅじょう》諸々《もろもろ》の覚宝蔵《かくほうぞう》、悟《さとり》の宝《たから》の蔵《くら》――実相《じっそう》の所在地《しょざいち》を示すのである、これこそ仏性《ぶっしょう》であると釈迦《しゃか》はお説《と》きになったのであります。この真理《しんり》が解《わか》ったならば、須臾《しゅゆ》にして変《へん》滅《めつ》する「我《われ》」というものが「本当の我《われ》」ではなくて金剛不壊《こんごうふえ》の仏性《ぶっしょう》こそ「我《われ》」であると判《わか》りますから、「一切衆生《いっさいしゅじょう》この事《こと》を見已《みおわ》らば、心歓喜《かんぎ》を生《しょう》じ

悩壊　悩まされるもの

涅槃に入る　死ぬこと。特に釈迦の死を言う。入滅

て如来《にょらい》を帰仰《きごう》す」実《じつ》に嬉《うれ》しくて嬉しくてならないようになって、神様有難《かみさまありがと》う、仏様有難《ほとけさまありがと》うと絶叫《ぜっきょう》せずにはおられなくなるのであります。そして、金《こん》剛不壊《ごうふえ》の如来《にょらい》我《が》こそ我《われ》でありますから、「たとい無量《むりょう》百千億《おく》の魔《ま》も如来《にょらい》の身《しん》血《けつ》を侵《おか》し出《いだ》すことは出来《でき》ない。如来《にょらい》の身《み》は血肉《けつにく》、筋脈《きんみゃく》、骨髄《こつずい》にあらず、如《にょ》来《らい》は真実《しんじつ》にして実《じつ》に悩《なや》みも破壊《はかい》もない」というのは、あの聖経《せいきょう》『甘露《かんろ》の法《ほう》雨《う》』の中《なか》にある聖句《せいく》「人間《にんげん》は物質《ぶっしつ》に非《あら》ず、肉体《にくたい》に非《あら》ず、脳髄細胞《のうずいさいぼう》に非《あら》ず、神経細胞《しんけいさいぼう》に非《あら》ず、血球《けっきゅう》に非《あら》ず、血清《けっせい》に非《あら》ず云々《うんぬん》」とあるのと同じであります。我々《われわれ》の肉体、血液《けつえき》とか細胞《さいぼう》とか筋脈骨髄《きんみゃくこつずい》とかいうものは、本当《ほんとう》の実在《じつざい》じゃないのであって、波動《はどう》が「縁《えん》」というラジオのセットにかかって、そこに形《かたち》を表現《ひょうげん》しているところの仮有《けう》なのです。実相《じっそう》は金剛不壊《こんごうふえ》であって、これは百千無量億万《むりょうおくまん》の魔《ま》も如来《にょらい》の身血《しんけつ》を侵《おか》し出《いだ》すこと能《あた》わずで、どんな悪《あく》魔《ま》も我々《われわれ》に喰《くら》い着《つ》いて、害《がい》を与える事《こと》は出来ない、金剛不壊《こんごうふえ》の存在《そんざい》である。この金剛不壊《こんごうふえ》の存在が自分自身《じぶんじしん》であるという事が、『涅槃経《ねはんぎょう》』に説《と》いてあるわけであります。これが仏教《ぶっきょう》の神髄《しんずい》で、「生長《せいちょう》の家《いえ》」の縦《たて》の真理《しんり》になっているのであります。このことは仏教の独占《どくせん》でもなく、やはりイエス・キリストも説《と》いているのであります。すべて宗教的真理《しゅうきょうてきしんり》には独占というものはないのであります。独占であったら、他《た》には通用《つうよう》しない、従《したが》って真理でないということになります。で、「ヨハネ伝《でん》」にはちゃんと「なんじいまだ五十歳《さい》にもならぬにアブラハムを見しか」とユダヤ人《びと》が尋《たず》ねましたときにイエスがどういっているかといいますと「まことに誠《まこと》に汝《なんじ》らに告《つ》ぐ、アブラハムの生《うま》れいでぬ前《さき》より我《われ》はあるなり」といって、無限《むげん》の昔《むかし》から生《い》き通《とお》しているところの自分《じぶん》が「本当《ほんとう》の自分」であるという事《こと》を説いているのであります。肉体《にくたい》は決《けっ》して自分の実相《じっそう》ではない、肉体は本来無《ほんらいむ》にして唯《ただ》心の波《なみ》が「縁《えん》」というラジオ・セットにふれて、そこに形《かたち》を現《あらわ》しているだけで、肉体に現れる病気不幸《びょうきふこう》等《とう》の状態《じょうたい》は、心の波動相応《はどうそうおう》の形を縁《えん》に触《ふ》れて顕現《けんげん》する。だから心の波《なみ》の相《すがた》を変《か》えれば肉体の健不健《けんふけん》は変化《へんか》して来《く》るのであります。これが「生長の家」

「ヨハネ伝」　『新約聖書』四福音書の一書。使徒ヨハネの作とされる。『ヨハネ伝講義』がある

アブラハム　イスラエル民族の伝説上の祖。『旧約聖書』「創世記」にその生涯が記されている

の横《よこ》の真理《しんり》であります。
今日《きょう》はここまでに致《いた》しておきます。

（昭和《しょうわ》十一年七月二日、聖典講義《せいてんこうぎ》）

第四十二巻索引

＊頻度の多い項目は、その項目を定義、説明している箇所を主に抽出した。
＊関連する項目は→で参照を促した。
＊一つの項目に複数の索引項目がある場合は、一部例外を除き、一つの項目にのみ頁数を入れ、他の項目には→のみを入れ、矢印で示された項目で頁数を確認できるよう促した。（例　「神の実在」「肉体の無」等）

〔あ〕

〔い〕

〔う〕

〔え〕

〔け〕

〔こ〕

〔さ〕

〔し〕

〔す〕

〔せ〕

〔そ〕

〔た〕

〔ち〕

〔つ〕

〔に〕

〔ね〕

〔の〕

〔は〕

〔へ〕

〔ほ〕

〔ま〕

〔み〕

〔む〕

〔め〕

〔も〕

〔や〕

〔ゆ〕

〔よ〕

〔ら〕

〔り〕

〔れ〕

〔ろ〕

〔わ〕

箴言・真理の言葉

新編《しんぺん》　生命《せいめい》の實相《じっそう》　第四十二巻　久遠仏性篇《くおんぶっしょうへん》

常楽宗教《じょうらくしゅうきょう》の提唱《ていしょう》(上)

令和二年九月一日　初版発行

著　者　谷口雅春《たにぐちまさはる》

責任編集　公益財団法人 生長の家社会事業団
谷口雅春著作編纂委員会

発行者　白水春人

発行所　株式会社 光明思想社
〒一〇三—〇〇〇四
東京都中央区東日本橋二—二七—九　初音森ビル10F
電話〇三—五八二九—六五八一
郵便振替〇〇一二〇—六—五〇三〇二八

装　幀　松本　桂

本文組版　ショービ

印刷・製本　凸版印刷

カバー・扉彫刻　服部仁郎作「神像」©Iwao Hattori,1954

ISBN978-4-86700-009-0